rowohlts
monographien
herausgegeben
von
Wolfgang Müller und Uwe Naumann

Ernst Toller

in Selbstzeugnissen
und Bilddokumenten
dargestellt von
Wolfgang Rothe

rororo bildmonographien

Rowohlt

In memoriam Karl Ludwig Schneider

Dieser Band wurde eigens für «rowohlts monographien» geschrieben
Den Anhang besorgte der Autor
Herausgeber: Kurt und Beate Kusenberg
Assistenz: Erika Ahlers
Umschlagentwurf: Werner Rebhuhn
Vorderseite: Ernst Toller (Sammlung Library of Congress)
Rückseite: Steckbrief (Deutsches Literaturarchiv, Marbach)

Veröffentlicht im Rowohlt Taschenbuch Verlag GmbH,
Reinbek bei Hamburg, Februar 1983

Satz Times (Linotron 404)
Gesamtherstellung Clausen & Bosse, Leck
Printed in Germany
1290-ISBN 3 499 50312 3

2. Auflage. 12.–13. Tausend Januar 1997

Inhalt

Ein deutscher Danton? 7
Das Kind am Rande 19
Vom Patrioten zum Pazifisten 31
Ein Totentanz 43
Der «König von Südbayern» 51
Gewalt und Gerechtigkeit 63
Häftling Nr. 44 73
Gegen Parteikunst 83
Hoppla, ich lebe! 93
Im Exil 109

Anmerkungen 124
Zeittafel 133
Zeugnisse 140
Bibliographie 144
Namenregister 150
Danksagung 154
Über den Autor 155
Quellennachweis der Abbildungen 156

Ernst Toller, um 1936

Ein deutscher Danton?

Va, pensiero, sull' ali dorate ...
Verdi, «Nabucco» (1842)

Toller: sein Name klang schon wie ein Schlachtruf. An ihm schieden sich die Geister, sein Charakterbild schwankte nicht erst in der Geschichte, sondern bereits zu Lebzeiten. Er war bewundert und verachtet, er wurde geliebt und gehaßt wie kaum ein anderer. Die ihn verehrten, haben seine nachgerade charismatische Ausstrahlung, seine rätselhafte Faszination, eine bestrickende Wirkung bezeugt; die ihm übelwollten oder als politische Gegner gram waren, redeten von Schauspielerei, vom Theatraliker, Ehrgeizling, der sich eitel in Szene zu setzen wisse. Zur Wahrheit Tollers gehört, daß er – höchst widersprüchlich – das alles tatsächlich war. Das Mitreißende, Bezaubernde, sogar Großartige gesellte sich zum Verdächtigen, Dubiosen. In ihm vereinten sich Erhabenes und Lächerliches, das Tragische und das Komische lagen häufig nahe beieinander. Verwirrende Ambivalenzen, ärgerliche, weil schwer auflösbare Paradoxien bestimmten seine ganze Existenz, als private Person, als Schriftsteller, als Mann der politischen Öffentlichkeit.

Seine Konkurrenten in der Theaterlandschaft der zwanziger Jahre – Sternheim, Kaiser, Brecht – besaßen schärfere, eindeutigere Konturen. Sie waren auch nach Herkunft, Naturell, Lebensschicksal, Begabung entschieden begünstigter als der kleinbürgerliche und wenig gebildete Jude aus einem Grenzwinkel des Kaiserreichs, dessen Zivilstand noch Mitte der zwanziger Jahre bisweilen mit ‹Student› angegeben wurde und der in fast jeder Hinsicht ein Amateur, wenn nicht Dilettant war – und zumeist blieb. Ob er eine nennenswerte literarische, künstlerische Bildung besaß, ist kaum auszumachen – wo sollte er sie vor seiner Haftentlassung 1924 auch erworben haben, und wie sollte er in seinem gehetzten Leben danach das Versäumte nachholen?

Person, Leben und Werk sind in seinem Falle weit enger verquickt als bei den genannten Dramatikerkollegen. Mit einer Analyse seiner literarischen Hervorbringungen allein erfaßt man das Phänomen Toller nicht. Er war beileibe nicht nur Schriftsteller, Literat, vielleicht nicht einmal in erster Linie, seine Bedeutung für die Zeitgenossen erschöpfte sich nicht in seinen Theaterstücken. Wenn er Größe besaß, so ist sie möglicherweise nicht einmal primär in seinem gedruckten Œuvre zu suchen.

Der «schöne» Toller in jungen Jahren

Seine Erscheinung, sein Temperament, sein gefährdeter Charakter wurden der Nachwelt auf mannigfache Weise überliefert. Ein lange verschollenes Gedicht Else Lasker-Schülers, «Ernst Toller», beginnt:

Er ist schön und klug
Und gut.
Und betet wie ein Kind noch:
Lieber Gott, mach mich fromm,
Daß ich in den Himmel komm.

Ein Magnolienbaum ist er
Mit lauter weißen Flammen.
Die Sonne scheint –
Kinder spielen immer um ihn
Fangen.[1*]

Von der amerikanischen Starjournalistin Dorothy Thompson, die ihn ein Jahrzehnt später, 1934, porträtierte, sollte man mehr Nüchternheit erwarten – sie versteigt sich ebenfalls in schwärmerische Elogen.[2] Toller, der sogenannte ‹Gefühlsmensch›, an Gedankenschärfe, analytischer Kraft im allgemeinen Urteil seinen großen Dramatikerkollegen unterlegen, beeindruckte durch seine emotionale Potenz. Vor allem hat er auf das andere Geschlecht stets nachhaltig gewirkt, er war, dafür gibt es manchen Zeugen, ein ausgesprochener Homme à femme. Selbst als ‹Heerführer› der Roten Armee vor Dachau, als die Räterepublik in höchster Bedrängnis war, scheint er seine Freundinnen nicht vergessen zu haben – wofür ihn seine so militanten wie asketischen Gegenspieler im eigenen Lager zweifelsohne verabscheuten. Annäherungsbriefe junger Frauen – im Dunkel von Spezialarchiven ruhend – erhellen Tollers Anziehungskraft auf die Damenwelt sämtlicher Gesellschaftsklassen. Sein spektakulärster Triumph auf diesem Gebiet: Anfang 1934 reiste dem damals Vierzigjährigen die siebzehn Lenze zählende bildschöne Christiane Grautoff ins Schweizer Exil nach; Toller heiratete die höhere Tochter mit Theaterambitionen im Mai 1935. Frauen fanden sich von Anbeginn in Tollers Leben ein, halfen ihm immer wieder, ja retteten ihn womöglich 1919 vor dem trostlosen Schicksal Landauers und anderer politischer Gefährten. Aber keine tiefere Beziehung zu einer Frau ist bezeugt, kein einziger Liebesbrief von Tollers Hand bekannt. War er einer dauerhafteren Bindung überhaupt fähig? Seine wechselnden Liaisons verraten die gleiche flatternde Unrast, das Gehetzte, Unstete seines Daseins nach der Haftentlassung. Etwas merkwürdig Unsicheres, Unzufriedenes, Unerfülltes, letztlich Unfrohes scheint über seiner gesamten Existenz gelegen, ihn zu pausenloser Tätigkeit – sprich Selbstbestätigung – angetrieben zu haben; keine guten Voraussetzungen für einen erfüllten Liebesbund.

Die Vorliebe des Exrevolutionärs und Wahlproletariers Toller für First Class-Hotels und ausgedehnte Autoreisen, seine Anfälligkeit für die Zeitkrankheit Prominentitis, sein Faible für die feineren Genüsse des Lebens waren notorisch. So war der bissige Hohn und Spott puritanischer Kommunisten über den sich nach 1924 rigoros aller neuen Parteifesseln erwehrenden Sozialisten und ‹revolutionären Pazifisten› ebenso begreiflich wie der verblüffende Vergleich mit Danton, dem Genießer, Weiberhelden und Volkstribunen der Grande Révolution, den Tollers Freund Walter Mehring zog:

«Er hatte ganz das Zeug zu einem Danton einer Deutschen Revolution,

* Die hochgestellten Ziffern verweisen auf die Anmerkungen S. 124f.

wenn es sie je gegeben hätte; und eine Schillersche Leidenschaft zum Theater (zur Schaubühne, als moralische Anstalt betrachtet); aber da beides unvereinbar blieb, da der ‹Riß der Zeit mitten durch sein Herz ging›, kam nichts zur Vollendung. Wieder und wieder mußte er erdulden, daß die ‹Gegenwärtigen›, daß die *Masse Mensch*[3] seinen Idealismus für dumpfe Parteitriebe mißbrauchten; und seine Verzweiflung darüber riß ihn auf offener Bühne zu einem Pathos Dantonscher, bis aufs Blut gekränkter Eitelkeit hin.

Ich habe ihn eigentlich nie anders gekannt als bis über beide Ohren verliebt: in die Freiheit, in einen Dramenentwurf, in die charmantesten, elegantesten Damen der Elite; und wie begehrt war bei ihnen sein trotzi-

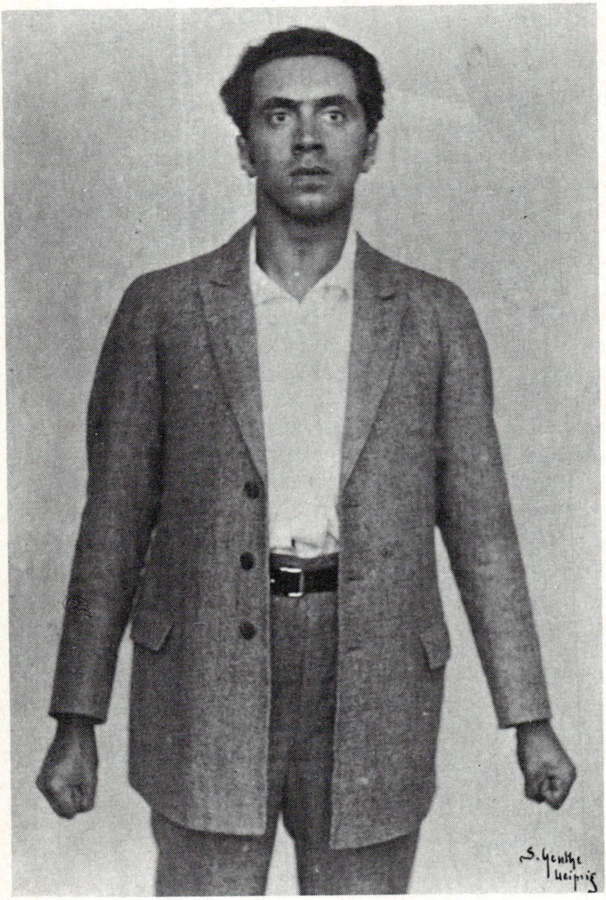

Ernst Toller, um 1925

Georges Danton (1759–90). Zeichnung von J.-L. David

ger Rebellenkopf – sein geschmeicheltes Danton-Antlitz, auf dem einmal als das Haupt einer Verschwörung 3000 Mark[4] Kopflohn ausgeschrieben worden war; und der später die illustrierten Literaturbeilagen der Weltpresse schmückte, mit der Unterschrift:

Jüngste Porträtaufnahme des gefeierten deutschen Kampfdramatikers.»[5]

Ein anderer Freund, Ernst Niekisch, beschrieb ihn ähnlich:

«Ernst Toller war ein schlanker, schöner Mann von mittlerer Größe. Seine Bewegungen waren voll Grazie. Aus seinem wohlgebildeten Gesicht glühten zwei tiefdunkle, mandelförmige Augen. Das schwarze, stahlblau schimmernde Haar verlieh in Verbindung mit der gelblichen Hautfarbe der edlen Stirn und der wohlgestalteten Nase dem Gesicht einen wirkungsvoll fremdartigen Reiz. Er hatte eine dunkle und melodiöse Stimme, die voll ausklang, wenn er, ein bezaubernder Apoll, auf dem Rednerpult stand. Im Gespräch wußte er durch seinen Charme zu bestricken. Er hatte schauspielerisches Talent, liebte das große Pathos, die eindrucksvolle Geste und neigte dazu, sich stets, wenn auch in durchaus geschmackvoller Weise, in Szene zu setzen. Menschliche Not, menschliches Elend ergriffen ihn, wo sie ihm begegneten; sein Herz war leicht zu rühren, und bereitwillig half er, wo er Gutes stiften konnte. Er glaubte an das Gute im Menschen. Es war nicht zu vermeiden, daß seine großzügige Gebefreudigkeit nicht selten schnöde mißbraucht wurde. Für die Einwirkungen des Augenblicks und der Umgebung war er überaus empfänglich, leicht war er Stimmungswechseln unterworfen; in seiner Unberechenbarkeit lag etwas Weibliches. Immer aber war er von jenem gewinnenden Wesen, das Frauen am Manne so sehr lieben, und in der Tat wurde er von Frauen auch in reichlichem Maße geliebt.»[6]

Ein umschwärmter Günstling der Frauen, einfacher Mädchen aus dem Volke ebenso wie der Marquisen des 20. Jahrhunderts, ein strahlender Volksheros, ein Sonntagskind des Schicksals – ausgerechnet Toller sollte das gewesen sein, dieser mit schweren Handicaps versehene, psychisch Gefährdete, von Krankheit Bedrohte, ein Niemand aus der tiefsten Provinz, ohne Vermögen, abgeschlossenes Studium, Beruf, Amt und Position? Dem sanftäugigen Adonis und angeblichen Götterliebling war – wie Kafka – eine schwache physische Konstitution und ein noch schwächeres ‹Nervenkostüm› auf seinen wechselvollen Lebensweg mitgegeben (beide litten übrigens an Kopfneuralgien und Schlaflosigkeit). Toller war von Kindheit an psychisch labil, möglicherweise erblich belastet; oft stand er hart am Rande des Pathologischen. Eine Diskrepanz zwischen Anschein und tatsächlichem Sein bestimmte die Existenz Tollers bis zu seinem frühen Ende.

Auffällig ziehen sich, mit dem Bilde des Glückskindes kaum zu vereinen, durch Tollers Leben Krankheiten. Bisweilen waltete ein ironisches Geschick: Ausgerechnet bei Ausbruch der Novemberrevolution lag er grippekrank bei seiner Mutter in Landsberg (Warthe) zu Bett – trotz hohem Fieber, so hat er in seiner Autobiographie behauptet, eilte er sogleich nach Berlin. Oder: 1925 unternahm er eine Reise ins Land seiner Väter, Palästina, als einer, der sich 1914 aus dem Register der jüdischen Gemeinde Samotschins (mit einem Schreiben an das zuständige Amtsgericht) hatte streichen lassen – aber er mußte die Pilgerfahrt wegen Erkrankung abbrechen. Wenn schon Zufälle, dann doch recht boshafte, fast tragikomische. Die Serie von Erkrankungen hatte früh eingesetzt. Etwa als Zwölfjähriger mußte sich der Gymnasiast einer «schweren Operation» unterziehen, die ihn ein Jahr vom Schulbesuch ausschloß; die Krankheit, von ihm nie spezifiziert, hinterließ «Herz- und Nervenstörungen»[7]. Die Toller-Forscher vermochten dieses wohl gravierendste Ereignis seiner Jugendzeit bisher nicht aufzuhellen. Unzweifelhaft dürfte seine generell zarte körperliche Verfassung sein: Militärärzte, die nach Kriegsausbruch den nationalistisch entflammten Freiwilligen musterten, wiesen ihn mehrmals als kriegsdienstuntauglich zurück; vor den Augen eines gutmütigen Mediziners fand der inständig Flehende schließlich Gnade. Nach dreizehn Monaten Dienst an der Westfront brach der Unteroffizier körperlich und nervlich zusammen. «Herz- und Nervenleiden» lautete recht allgemein der Befund, auf Grund dessen Toller im Mai 1916 aus dem aktiven Kriegsdienst entlassen wurde. Eine andere Untersuchung ergab jedoch, sonderbar genug, daß Herz und Magen organisch gesund waren; Tollers Beschwerden wären, nach heutiger Ansicht, psychosomatisch zu erklären. Eine nervöse Beinlähmung, die ihn hinken ließ, wird für seine Münchner Zeit 1918/19 bezeugt. Dagegen war er wohl kaum – wie im Steckbrief angegeben – lungenkrank. Endgültig aus dem Heer entlassen wurde Toller im September 1918, und zwar gleichfalls mit der Verlegenheitsbegründung «Herz- und Nervenleiden». Eine Varicocele, «deren Operation seinerzeit infolge körperlicher Schwäche und allgemeinen Nervenzusammenbruchs unterbleiben mußte»[8], erwarb er angeblich an der Front: der Eingriff erfolgte in der Zeit zwischen seiner Verurteilung durch das Standgericht und der Überführung in die provisorische Festungshaftanstalt Eichstätt.

Hinsichtlich Tollers psychiatrischer Diagnostizierung ist freilich Vorsicht geboten. So wenn national-konservativ eingestellte Ärzte bei dem erklärten Pazifisten und politischen Konvertiten körperliche «Degenerationsmerkmale» festzustellen glaubten – für die heutige Psychiatrie ein höchst zweifelhafter Befund. Eine Absicht, die Führer der Räterepublik zu ‹psychiatrisieren›, politische Gegner als Verrückte und Minderwertige abzutun, ist nur allzu leicht erkennbar. Wenn auch die damalige Psychiatrie allgemein mit nichtssagenden Allerweltsdiagnosen wie ‹hysterisch› und ‹psychasthenisch› arbeitete, bleibt doch die Frage: Ist Tollers Selbstmord auf eine lebenslange Gefährdung zurückzuführen, hatte er seine Vorgeschichte, war er nur Schlußpunkt einer Entwicklung über Jahrzehnte hinweg? Irritierend, wie sich ganz verschiedene ärztliche Äußerungen – und nicht alle Ärzte können voreingenommen oder gar feindselig gegenüber dem Patienten Toller gewesen sein – im Tenor gleichen. Nach dem Münchner Munitionsarbeiterstreik Anfang 1918, in dem sich Toller erstmals politisch hervorgetan hatte, prüfte die Reichsanwaltschaft die Möglichkeit einer Anklage wegen Landesverrats. Sie kam zu einem verneinenden Resultat – hinsichtlich des inneren, nicht des äußeren Tatbestandes –, das auf Unzurechnungsfähigkeit hinauslief. Die bis dahin, also vor Kriegsende, Revolution und Räterepublik, erfolgten psychiatrischen Untersuchungen wurden wie folgt zusammengefaßt:

«Toller ist offenbar einer von den politisch unreifen, ästhetisierenden und übersensitiven jungen Menschen, die nur in ihren Ideen leben, ohne die realen Vorgänge in der Welt richtig einschätzen zu können. Dabei ist er erheblich erblich belastet. Er ist vielfach wegen seines hysterischen Leidens in ärztlicher Behandlung gewesen. Nach dem Gutachten des Dr. Lipowski ist er ein schwerer Hysteriker, der die krankhafte Sucht hat, sich interessant zu machen. Dr. Backhaus hält ihn für einen Neurastheniker mit stark erhabenem Selbstgefühl. – Nach dem Gutachten des Militärarztes Dr. Köhler, der ihn eine Zeit lange [sic!] unmittelbar nach den hier erwähnten Vorfällen beobachtet hat, bot er das Bild eines sehr sensitiven, überaus empfindsamen Menschen, den äußere Einwirkungen aufs tiefste in seinem Handeln bestimmen und bei dem für andere Menschen oft entscheidende Hemmungen nicht zur Auslösung kommen. – Stabsarzt Dr.

Wallensteiner hält ihn für einen hochgradigen Hyster-Neurastheniker und hat auch eine Reihe von Degenerationsmerkmalen bei ihm festgestellt. – Professor Dr. Isserlin hat ihn im Februar und März 1917 an psychachetisch-nervösen und depressiven Störungen behandelt. – Nach dem Gutachten des Sachverständigen Prof. Dr. Rüdin ist er eine psychachetische und hysterische[9] Persönlichkeit, welcher neben desharmonischer Veranlagung, Erregbarkeit und Begeisterungsfähigkeit, Kritiklosigkeit, Eigensinn und Leichtgläubigkeit im Sinne der Idee, in die sie sich gerade verbissen hat, sowie Neigung zu hysterischer Reaktionsweise, starker Beeinflussung durch die Umwelt und abnormer Neigung, sich hervorzutun, zu Gute zu halten ist.»[10]

Vor dem Standgericht lehnte Toller energisch die Zubilligung mildernder Umstände auf Grund der medizinischen Gutachten ab, er übernahm die uneingeschränkte Verantwortung für sein Handeln.[11] Das Urteil nahm auch nicht auf seine Persönlichkeitsstruktur Bezug, jedenfalls soweit sie pathologisch gewesen sein soll. Dennoch lassen die ärztlichen Äußerungen auf Grundzüge der Person schließen, die von nicht-medizinischen Freunden und Gegnern immer wieder konstatiert wurden. Max Weber, in dessen Haus Toller im Winter 1916/17 verkehrt hatte, gab dem Gericht zu verstehen, ihm sei seinerzeit Tollers Nervensystem nicht ganz intakt erschienen, was jedoch seinen menschlichen Sympathien für den Schüler keinen Abbruch getan habe.[12] Rasche Erregbarkeit, Überreaktionen, explosive Entladungen eines Emotionsstaus, Euphorien und Depressionen, zeitweise hyperge Herabgestimmtheit und Schreibunfähigkeit bestimmten Tollers ganzes Leben. All dies sind noch keine klinischen Krankheitssymptome, deuten aber auf eine geringe psychische Belastbarkeit hin; Toller-Forscher führen zwar den hohen emotionalen Gehalt seiner Dramen bislang nicht auf dieses Persönlichkeitsbild zurück, doch liegt hier vielleicht ein wesentlicher Zugang zum Werk. Kühle Analyse, gelassenes Abwägen, Selbstbeherrschung waren Eigenschaften, die Toller kaum besaß. Die Rasereien, wilden Szenen, Affekthandlungen im Gefängnis – er berichtete sie später aus der Optik des unschuldigen Opfers – lassen sich nicht einzig aus einer Haftpsychose erklären. So sind die Schreckensgemälde, die Toller in *Eine Jugend in Deutschland* und *Briefe aus dem Gefängnis* von Niederschönenfeld gab, überaus subjektiv und als historische Quellen von eingeschränktem Wert; das gilt übrigens für sämtliche lebensgeschichtliche Mitteilungen Tollers, die häufig ersichtlich zurechtgebogen, stilisiert sind.

Entscheidend ist freilich, was Toller mit seiner ungünstigen physischen Ausstattung und einem so labilen seelischen Haushalt leistete, wie er die Nachteile einer manisch-depressiven Veranlagung fruchtbar machte. Tollers Größe bestand nicht zuletzt in einer solchen Überwindungsleistung, in seinem zähen Ringen mit sich selber. Seine hochgradige Gefühlsbestimmtheit, manische Erregung erschöpften sich ja nicht in wahlloser Begeisterung, beliebig-ziellosem Enthusiasmus, vielmehr schenkten sie Deutschland einen seiner größten Redner, jenen von Mehring apostro-

Toller spricht auf einer Kulturtagung der Sozialistischen Arbeiterjugend in Leipzig 1924

phierten «deutschen Danton». Er war ein wortgewaltiger Volkstribun, hinreißender politischer Orator, ein die Herzen erschütternder Rezitator. Seine die Zuhörer aufwühlende Redekunst – sei es auf Massenveranstaltungen oder im Vortragssaal, vor Proletariern oder einer geistigen Elite – ist unbestritten. Toller war ein rhetorisches Genie. Seine Laufbahn als öffentliche Person begann mit Ansprachen, Volksreden, noch ehe sein erstes Buch vorlag, und sie endete im Exil mit ausgedehnten Vortragsreisen, die ihn erschöpften und mittelbar zu seinem Freitod beitrugen. Während der Münchner Rätezeit brachte er die Delegiertenversammlungen redend auf seine Seite; der Rücktritt der zweiten, kommunistischen Räteregierung kurz vor dem Desaster kam durch seinen oratorischen Sieg über die Rivalen von der KPD zustande. Hatte sein geschworener Gegenspieler, der kalt kalkulierende (und dennoch ins Illusionäre abirrende)

Leviné-Niessen, möglicherweise das Zeug zu einem deutschen Robespierre, so erwies sich Toller als ein deutscher Danton. Auch sein Schlußwort vor den Standrichtern stellt, trotz oder gerade wegen seiner gedämpften Rhetorik, eine respektable rednerische Leistung dar. Nach seiner Entlassung 1924 war er in der Republik unermüdlich als Redner unterwegs. Nach Hitlers Usurpation der Republik setzte er im Ausland seine bisherige Reisetätigkeit als Wanderprediger der Menschenrechte, Apostel des Pazifismus und prophetischer Warner vor dem Faschismus fort.

Auf den Rhetor Toller noch vor dem Theaterautor hinzuweisen, mag somit gerechtfertigt sein, zumal der Mangel an mächtigen Rednernaturen bis heute als nationales Manko der Deutschen gilt. In Toller hatten sie einen, der mehr war als ein Agitprop-Mann, Trommler von Parteiparolen und Generallinien, Einpeitscher von Haßgefühlen, doch auch mehr als ein brillanter Debattierer, Diskussionsroutinier, Causeur politischer Salons oder glanzvoller Kathederlöwe. Ein «kommunistischer Hetzer», als den ihn eine (kaum differenzierende) radikale Rechte beschimpfte, war er schon gar nicht. Wenn am Schluß seines dramatischen Erstlings *Die Wandlung* das Volk bei Friedrichs Ansprache förmlich außer sich gerät, so entspricht solche Ekstase verblüffend Oskar Maria Grafs Augenzeugenbericht über einen Auftritt Tollers Anfang 1918 in München. Der Effekt muß ungeheuer, nahezu beängstigend gewesen sein. Des Redners Exaltation übertrug sich auf die Zuhörer, seine eigene Emotionalität wirkte aufpeitschend, hypnotisch-suggestiv – man fühlt sich an die dämonische Wirkung mittelalterlicher Buß- und Erweckungsprediger erinnert; doch eine Spur von Komik mischt sich ins Erschütternde dieser Schilderung, Grafs Ironie ist nicht zu übersehen:

«Am selben Abend ging ich ... wieder zum Diskussionsabend der Unabhängigen. Dort hielt der aus Heidelberg geflüchtete Ernst Toller eine flammende Rede gegen den Krieg. Hitzig, ekstatisch, mit wilden Gestikulationen und verzerrtem Gesicht schrie er seine Gefühle heraus. Er zitterte wie fiebernd und schäumte auf den Lippen.

Ganz schwarz kam er mir vor. Tiefe, dunkle Augen, schwarze, dichte Haare, schöne Augenbrauen und ein etwas gelbliches Gesicht.

‹Ihr Mütter!› hub er an – immer wieder – und malte mit dichterisch-rhetorischem Feuer die Greuel des Krieges: ‹Ihr Brüder und Schwestern!›

Er riß alle mit. Einzelne Frauen weinten oder wurden ganz wild. ‹Nieder mit dem Krieg! An den Galgen mit Ludendorff!› stimmte alles zu.

Geweckt und unternehmend gingen wir auseinander.

‹Arbeite jeder, was in seinen Kräften steht!› hatte Eisner geraten.

Toller fuhr mit mir eine Strecke mit der Straßenbahn. Er unterhielt sich fast fliegend, er hetzte die Worte nur so heraus.

‹Schreiben Sie auch?› fragte er mich.»[13]

Ein weiteres Zeugnis der fast unheimlichen Rednergabe Tollers bezieht sich auf die Zeit unmittelbar nach seiner Entlassung aus Niederschönenfeld; es stammt von dem jungen Medizinstudenten Günther Weisenborn, dem späteren Dramatiker, der den deutschen Danton auf dem Leipziger Gewerkschaftsfest erlebte:

«Eine Sanitätsstation während eines Massenfestes ... die Benommenen, die Epileptiker, die Herzschwachen und die Kreislaufgestörten, sie schleppen sich an das offene Fenster, denn es ist Ernst Toller, der spricht!

Im Rahmen des offenen Fensters sehe ich ihn, erhöht über der Masse unter den niederen Ziehwolken des regnerischen Abendrothimmels, schlank, schwarz und kalt. Er spricht klar, noch beherrscht mit einem leisen Beleidigtsein, mit jener nervigen Eleganz, die durch seine Bewegungen sensibel vibriert. Und dann bricht er aus und schleudert eine rasende Anklage gegen alles, was Krieg heißt, in den trüben Septemberhimmel Leipzigs, über die graue, unübersehbare Masse von sächsischen Arbeiterköpfen.

Dieser ist der Wort gewordene Wille der Massen, dieser ist die Anklage gewordene Klage des Leipziger Industriekulis, dies ist ein Ereignis! Die alte wortlose Arbeitersehnsucht verwandelt Ernst Toller in Ausdruck, in Sätze, in Worte, und in der Glut seines Mundes werden die Worte zur sprungbereiten Wut der Ausgebeuteten. Er steht hier im Park wie Feuer in den Bäumen, ein Mann, jung, schwarzhaarig, elektrisch, fast stammelnd vor Ergriffenheit, das Profil des Expressionisten. Man sieht ihn im Rahmen des offenen Fensters. Seine Sätze sind Peitschenschläge, die über die Masse schallen, er warnt vor dem Blut der Zukunft, das über uns kam. Es ist der flammende Haß, der dort diesen hektischen Redner schüttelt. Der Haß auf den Krieg und die Kriegsstifter. Er weint, er ist erschüttert, und er erschüttert die Masse. Sie wissen, dieser ist kein glatter Paganini der Rhetorik, der die Phrasen trilliert und das Consordino des Elends diskret serviert, dieser ist kein roher oratorischer Polterer, der mit Schaum vor dem Mund ins Leere donnert, dieser ist kein herzenskalter Supertheoretiker, keiner von der Gilde rechenfertiger Unmenschlichkeit, die die Welt für ein hochgekommenes Einmaleins hält.

Dieser ist Ernst Toller!»[14]

Das Kind am Rande

Ernst Hugo Toller, geboren 1893 in Samotschin (Szamocin), Kreis Kolmar, Provinz Posen, Königreich Preußen, stand als Kind in jeder Hinsicht am Rande: geographisch, sozial, familiär. Solche Randständigkeit wirkt prägend. Die Rolle der geographischen Randlage einer Herkunft belegen berühmte Exempel der Geschichte: es gibt einen sonderbaren Drang von der Peripherie eines Reichs zu dessen Zentrum. Man halte die Ansicht des Marktplatzes von Samotschin, an dem Tollers Geburtshaus liegt, neben ein Foto der New Yorker 61. Straße Ecke Central Park West mit der Steinburg des vornehmen Mayflower-Hotels, die 1939 Tollers letzte Station wurde: sofort wird klar, welche Folgerichtigkeit Ernst Tollers Lebensgang besaß. Man begreift plötzlich irritierende Züge an diesem – eher kleinwüchsigen – Menschen wie seinen brennenden Ehrgeiz, extremen Geltungsdrang, eitle Publizitätssucht als Erscheinungsformen eines unüberwindbaren inneren Zwanges. Toller, der einem Provinzwinkel des wilhelminischen Deutschland entronnen war, wurden in den zwanziger Jahren wie selbstverständlich Berlin, im Exil dann die Metropolen Zürich, London und New York zum Wohnsitz, wenn auch nicht zur Heimat.

Sozial am Rande befand sich das Kind Ernst Toller in Samotschin als Sproß einer jüdischen Familie. Die Tollers gehörten einer winzigen, rapide abnehmenden ethnisch-religiösen Minorität an, der mosaischen Gemeinde. Und innerhalb der eigenen Familie – seit Generationen Händler – stand Ernst spätestens als Zwanzigjähriger abseits: 1914 ein religiös Abtrünniger, 1917 ein nationaler Apostat, 1919 ein bürgerlicher Renegat und politischer Überläufer. Auch als Schriftsteller und Intellektueller bildete er eine familiäre Randgestalt. Er war das schwarze Schaf der patriotisch und bürgerlich gesinnten Familie, die sich wie alle gutgestellten Juden den herrschenden Denkgewohnheiten und Konventionen der deutschen Bourgeoisie angepaßt hatte.

Samotschin war stolz auf seine alte deutsche Vergangenheit.[15] Das im Netzebruch gelegene Städtchen ist 1311 erstmals urkundlich erwähnt (Samoczanso), es wurde Mitte des 18. Jahrhunderts von deutschen Tuchmachern, Webern und Färbern aufgebaut, die der polnische Grundherr in deutschen Landen angeworben hatte. Als um 1815 mit der Erfindung der Webmaschine das Unglück über die Textilmanufaktur hereinbrach, blieb Samotschin zunächst vom allgemeinen Rückgang verschont: die höchste

Anzahl selbständiger Textilhandwerker war erst um 1840 mit insgesamt 156 Familienbetrieben erreicht. Dann ging aber auch dort die Manufaktur nieder, ihre Angehörigen wanderten als Arbeiter zu den neuen Fabriken in Kongreßpolen ab. Zur Zeit der Reichsgründung 1870/71 gab es in der Stadt keinen einzigen Tuchmacher oder Weber mehr. Toller mag zu seinem Schauspiel *Die Maschinenstürmer* von diesem wichtigsten Kapitel der Samotschiner Stadtgeschichte angeregt worden sein.

Samotschins zweiten wirtschaftlichen Eckpfeiler – den Handel mit Holz, Heu, Getreide und Vieh – schuf Friedrich II. Als das Gebiet 1773 an Preußen gefallen war, rief dessen König Kolonisten aus Norddeutschland und Holland ins Land. Sie machten die großenteils versumpfte Netzeniederung, ein fünfzehn Kilometer breites Urstromtal, urbar (1909 wurde dem Preußenkönig am Stadteingang ein einfaches Denkmal aus Feldsteinen gesetzt). Als Handelsplatz gewann Samotschin weit über seine Größe hinaus Bedeutung. Das Geschäft des Kolonialwarenhändlers Toller und dessen Schwiegereltern, der Gasthofbesitzer Moses (gen. Cohn), gründete – wie die Existenz aller jüdischen Familien der Stadt – auf dem Publikum der vielbesuchten Märkte und auf dem Handel mit den Agrarprodukten der bäuerlichen Kolonien und Güter ringsum. Spätestens nach 1910 besaß auch Tollers älterer Bruder Heinrich einen eigenen

Das Geburtshaus in Samotschin (links hinten)

Getreidespeicher der Firma Toller in Samotschin

Kornspeicher am Marktplatz. Einzelne Handelshäuser machten ihr Glück. In den Kriegsjahren dürfte dann die Firma Toller, die das Monopol für die Belieferung Bochums mit Kartoffeln besaß und die Ernten zweier Landkreise auf dem Bahnhof verlud, reich geworden sein. Die kleinstädtische Gesellschaft differenzierte sich jedenfalls in der «Saturierungsschlußzeit» (Alfred Weber) vor 1914 erheblich. Es tat sich eine Kluft zwischen Arm und Reich, zwischen Mächtigen und Machtlosen auf, vor allem durch den Zuzug mittelloser Polen.

Aus der Besiedlung des Netzedistrikts erklärt sich die anfangs rein deutsche und evangelische Bevölkerung Samotschins. Polnisch-katholische und jüdisch-mosaische Einwohnerteile kamen erst allmählich dazu. Die jüdische Gemeinde wuchs im 19. Jahrhundert (bis 1870) auf 410 Seelen an, ging dann aber durch Abwanderung nach Westen – vor allem Berlin – bis auf 130 (im Jahre 1910) zurück. Die Juden machten bei Kriegsbeginn nur mehr vier Prozent der über 3000 Einwohner aus.[16] Mendel Toller, der sich mit dem weniger jüdisch klingenden Vornamen Max rufen ließ, war im Stadtrat 1905 an die Stelle des weggezogenen Isaak Cohn (seines Schwagers?) getreten und wurde 1908 für sechs Jahre als Stadtverordneter wiedergewählt.[17] Er vertrat im Rat eine zusammengeschmolzene, ja aussterbende jüdische Gemeinde. Die Juden wurden mehr und mehr zu einer sozialen Randgruppe, auch wenn sie die Fäden der Wirtschaft weitgehend in den Händen hielten.

Daß bei der letzten Volkszählung im preußischen Posen (1910) nur 154 Samotschiner Polnisch als Muttersprache angaben, aber 1063 Katholiken waren, läßt auf ein starkes deutschpolnisches Element schließen (von den 43 für Kaiser und Reich gefallenen Samotschinern trug fast die Hälfte polnische Namen). Das öffentliche Leben im wilhelminischen Samotschin dominierten die Deutschen als größte Bevölkerungsgruppe. Die am Stadtrand wohnenden Polen scheinen öffentlich wenig aufgetreten zu sein, sie wurden nachhaltig unterdrückt. Um die Jahrhundertwende blühte ein deutsches Vereinswesen auf, es erfüllte in der ethnisch gemischten Gesellschaft keine maßgebliche Integrationsfunktion: Neue kommunale Einrichtungen wie Volksbücherei, Vorschule, Heimatmuseum, private Mädchen- und höhere Knabenschulen (letztere wurde 1906 aus Mangel an Schülern geschlossen) dürften vorwiegend oder ganz nur der deutschen Majorität gedient haben. Unter Samotschins tüchtigstem Bürgermeister Friedrich (Fritz) Ebert nahm das Städtchen einen raschen Aufschwung, verwandelte sich in eine moderne Kommune mit Elektrizität, Telefon, Eisenbahnanschluß. Wenn der Gymnasiast Ernst Toller in den Ferien nach Hause kam, konnte er jedesmal eine neue Errungenschaft bewundern.

Angesichts der imposanten Entwicklung Samotschins – eine Art Gründerzeit auch auf industriellem Gebiet – verwundert es nicht, daß das jüdische Kind vom deutschen Element angezogen wurde, seine Herkunft als Nachteil, ja als lästig empfand und seine Aufnahme ins mächtige Deutschtum ersehnte. Letzteres erscheint im 1. Bild des autobiographischen Erstlingsdramas *Die Wandlung* vielsagend zur nationalen Gemeinschaft emporpathetisiert. Darüber hinaus blieb Toller sein Leben lang merkwürdig heftig aufstiegs- und erfolgsfixiert, er wollte um fast jeden Preis arrivieren, bedeutend sein, zur Prominenz gehören. Das Verlangen nach Geltung – von der expressionistischen Geistesbewegung explizit verdammt[18] – beherrschte ihn bis zuletzt. Welche Ironie, daß sich der Gymnasiast bei seinem frühesten Schritt in die Öffentlichkeit ausgerechnet mit der lebenden Verkörperung des Erfolgs, Bürgermeister Ebert, anlegte.[19] Vater Toller, als Ratsherr dem Establishment zugehörig, mußte dem erzürnten Stadtpotentaten seine Aufwartung machen, um die unliebsame Affäre zu bereinigen – die erste Aufstandsregung des Rebellen Ernst Toller wurde nach uralter Weise der Mächtigen erledigt! Nur Zufall, daß er späterhin peinlich vermied, den – eine groteske Namensgleichheit – obersten Führer der von ihm verachteten Sozialdemokratie und ersten Reichspräsidenten bei Namen zu nennen?

Ersetzt man die Tschechen durch die Polen, ähnelt die Sozialstruktur des kleinen Samotschin der von Kafkas Prag. In seinem 1933 erschienenen Rückblick *Eine Jugend in Deutschland* hebt Toller eingangs das heikle Nebeneinander von Deutschen, Juden und Polen hervor:

Samotschin war eine deutsche Stadt. Darauf waren Protestanten und Juden gleich stolz. Sie sprachen mit merklicher Verachtung von jenen Städten der Provinz Posen, in denen die Polen und Katholiken, die man in einen Topf warf, den Ton angaben ... Die Deutschen und Polen kämpften zäh um jeden Fußbreit Landes. Ein Deutscher, der einem Polen Land verkaufte, ward als Verräter geächtet.

Wir Kinder sprachen von den Polen als «Polacken» und glaubten, sie seien die Nachkommen Kains, der den Abel erschlug und von Gott dafür gezeichnet wurde.

Bei allen Kämpfen gegen die Polen bildeten Juden und Deutsche eine Front. Die Juden fühlten sich als Pioniere deutscher Kultur. In den kleinen Städten bildeten jüdische bürgerliche Häuser die geistigen Zentren, deutsche Literatur, Philosophie und Kunst wurden hier mit einem Stolz, der ans Lächerliche grenzte, ‹gehütet und gepflegt›. Den Polen, deren Kinder in der Schule nicht die Muttersprache sprechen durften, deren Vätern der Staat das Land enteignete, warf man vor, daß sie keine Patrioten seien.[20]

Deutsche und Juden standen gegen die Polen, die ihrerseits Deutschenhaß empfanden und die Juden als Mörder Jesu ansahen. Gleiche Zugehörigkeit zur wirtschaftlichen Oberschicht, die deutsche Sprache und das fanatische Bekenntnis der Juden zur deutschen Kultur hatten diese Allianz gestiftet. Obwohl es keinen offenen Antisemitismus gab[21], bestand eine Fremdheit zwischen Deutschen und Juden, wie sie der ‹Renommierjude› Kafka in Prag gleichfalls fühlte. Mochten die jüdischen Preußen sich noch so kaisertreu, deutschkulturell, national, ja chauvinistisch zeigen – es existierte eine geheime Distanz, eine unsichtbare rassische und religiöse Schranke. Kindermädchen deutscher und jüdischer Familien verkehrten miteinander, aber die Kinder wurden von ihnen getrennt: *Bleib da nicht stehen, das ist ein Jude.*[22] Kindheitserinnerungen: dem jüdischen Lehrer riefen deutsche und polnische Kinder auf der Straße Spottverse nach, die er feige oder resigniert hinnahm, Greuelmärchen von einem Ritualmord kursierten, selbst die Sekte der «Wahren Christen» wies das Judenkind zurück, als sie seine Abstammung herausfand, und zerstörte damit dessen selige Illusion, *kein Jude mehr* zu sein.[23]

Rassische, religiöse und soziale Ressentiments gehörten zu den belastenden frühen Kindheitserfahrungen, jedenfalls aus späterer Sicht, wobei eine absichtliche oder auch ungewollte Überbewertung an sich unbedeutender Begebenheiten, eine die soziale Realität verzerrende Stilisierung nicht auszuschließen ist. Staunend erlebte das Kind, wie Vorurteile sich zwischen die Menschen einer kleinen Stadt stellen und sie in Lager scheiden. Bei seinem ersten Freund, Kind einer elfköpfigen armen polnischen Familie, lernte es den nationalen Haß der Polen auf die deutschen Herren, den religiösen Haß der Volkskatholiken auf die Nachkommen der ‹Gottesmörder›, den sozialen Neid der ökonomisch Niedergehaltenen auf das wohlhabende Bürgertum kennen. Die Spielgefährten wurden getrennt, in evangelische, katholische und jüdische Konfessionsschulen geschickt. Erfahrungen der Gegensätze zwischen ethnischen Gruppen, religiösen Bekenntnissen und sozialen Klassen waren Urerlebnisse mit tiefer Langzeitwirkung. Gesellschaftliche Arroganz und soziale Ungerechtigkeit, vom Knaben dunkel geahnt, wohl schwerlich begriffen, sollten ihn zehn Jahre danach hell empören und zum Sozialismus führen.

Die Tollers gehörten um die Jahrhundertwende zu den gutbürgerlichen Häusern Samotschins, wenn auch noch nicht zu den reichsten, angesehensten, öffentlich aktivsten (der Name Toller findet sich in der Stadtgeschichte nicht erwähnt).[24] Der zu kommunalen Würden gelangte Vater, Max Toller, Sohn eines jüdischen Händlers in Tuchel, zählte zu den Honoratioren des Städtchens. Die Mutter entstammte einer jüdischen Gastwirtsfamilie am Ort. Neben dem Kolonialwarenladen wurde Landwirtschaft betrieben. Das Personal bestand aus einem Kindermädchen, einer Köchin und einem Knecht. Die Eltern arbeiteten hart für ihren – bis zum Krieg vergleichsweise bescheidenen – Wohlstand, das üppige Vermögen des einen Urgroßvaters war längst zerronnen, Familiensage geworden. Über die Vorfahren ist nur bekannt, was Toller in *Eine Jugend in Deutschland* mitteilt:

Mein Urgroßvater väterlicherseits, der aus Spanien gekommen sein soll, besaß ein Gut im Westpreußischen. Von diesem Urgroßvater erzählten die Tanten, daß ihm das Essen auf goldenen Schüsseln und Tellern gereicht werden mußte, und seine Pferde aus silbernen Krippen fraßen. Die Söhne verkupferten erst die Krippen, dann versilberten sie die Schüsseln und Teller. Vom sagenhaften Reichtum des Urgroßvaters träumte der Knabe: die Pferde fraßen den alten Mann, und er sieht zu, ohne Abscheu und ohne Mitleid, eher mit einem unerklärlichen Gefühl der Befriedigung.[25] Jedoch waren auch die Vorfahren der Mutter, die Moses alias Cohns, schon lange im Lande. *Friedrich der Große erlaubte meinem Urgroßvater mütterlicherseits als einzigem Juden in Samotschin, einer kleinen Stadt im Netzebruch, sich anzusiedeln,* beginnt *Eine Jugend in Deutschland. Mein Urgroßvater bezahlte eine Summe Geldes, dafür ward ihm der Schutzbrief eingehändigt. Auf diesen Akt war der Urenkel stolz, er sah darin Auszeichnung und adlige Erhöhung und prahlte damit vor den Schulkameraden.*[26] Bei einem der Großväter traten literarische, vielleicht philosophische Neigungen hervor, auch talmudisches Interesse kann nicht ausgeschlossen werden, jedenfalls war er eine eher weltabgewandte, grüblerische Natur: *Auf den Dachböden des Hauses verstaubten riesige vergilbte Folianten. Sie hatte der Großvater bei Tag und oft bei Nacht studiert, während die Großmutter im Geschäft stand, die Käufer bediente, Wirtschaft und Küche versah. Dieses Geschäft übernahm mein Vater, nachdem er als Primaner und Apotheker versagt hatte.*[27]

Diese kargen Angaben lassen sich weder nachprüfen noch ergänzen. Die Herkunft der Familie ist in Dunkel gehüllt.

Tollers Mutter

Toller hat über sein Verhältnis zu den Verwandten nichts mitgeteilt, nicht einmal über seine Beziehungen zu den Geschwistern ist etwas bekannt. Ein Onkel, von Beruf Arzt, scheint nach dem Tode von Mendel alias Max Toller im Jahre 1911 als Familienoberhaupt fungiert zu haben; er vertrat die kompakten bürgerlich-nationalen Auffassungen der jüdischen Bourgeoisie rigoros gegenüber seinem aus der Art schlagenden Neffen. (Als Onkel Richard wird er in der 1. Szene der *Wandlung* höchst negativ geschildert.) Ein Vetter Willy, der 1919 als Leutnant einem Freikorps angehörte und eine haßerfüllte Morddrohung gegen den Räterepublikaner Ernst geäußert haben soll[28], sowie eine Kusine, die nach 1933 in die USA emigrierte Ärztin Dr. Else Toller, waren Kinder dieses Onkels. An Geschwistern erwähnte Toller 1919 den Bruder Heinrich, Getreidehändler in Samotschin, und eine bei der Mutter und dem Onkel in Landsberg (Warthe) lebende Schwester Herta.

Man weiß auch nichts über die Vater–Sohn-Beziehung. Aus *Eine Jugend in Deutschland* tritt uns kein greifbares Bild Mendel Tollers entgegen. Von der zitierten Stelle abgesehen, taucht er nur einmal in der Ju-

Das Realgymnasium in Bromberg

gendgeschichte auf: Der Sterbende gibt dem entsetzten Sohn (damals siebzehn Jahre alt) die Schuld an seinem Tode[29] – eine Situation, die an Kafkas «Das Urteil» denken läßt. Die sinnlose, ungerechtfertigte Anschuldigung muß wie ein Schock gewirkt haben. Ob die bitteren Worte Friedrichs, des Protagonisten der *Wandlung*, über den nur scheinbar gütigen Vater und guten Geschäftsmann, der *aus seinem Leben Aufeinanderfolgen glänzender Jagdpicknicks* machte, gegenüber dem Sohn hingegen *von wohlanständigem Leben und gefestigtem Wandel* tönte und ihn daheim zu bleiben zwang – *Er hat mir meine Jugend versperrt!*[30] –, biographischen Gehalt haben, vermögen wir nicht zu beurteilen. Auffällig ist, daß erst das letzte Bühnenwerk Tollers, *Pastor Hall*, eine Vatergestalt – und dazu eine positive – auf die Bühne brachte. Was bedeutet das lebenslange Schweigen Tollers über sein Vater-Verhältnis? Es ist keine einzige Fotografie des Vaters erhalten, allerdings existieren ebensowenig Bilder des Kindes Ernst, der Mutter in jüngeren Jahren, des Onkels, der Geschwister. Auch Familienfotos scheint es nicht zu geben.

Zur Mutter, Charlotte Cohn, die sich Ida Toller nannte, bestand hingegen ein weniger problematisches, wenngleich keineswegs harmonisches Verhältnis. Als die nahezu Dreißigjährige 1885 Mendel Toller aus Tuchel heiratete, waren ihre Eltern, Hermann und Ernestine Moses, die als Eheleute den Namen Cohn führten, bereits tot. Die Gastwirtstochter überlebte ihren Mann rund 35 Jahre. Sie teilte die Anschauungen ihres bürgerlichen Milieus, brachte für Ernsts soziale Gefühle und politische Überzeugungen nicht mehr Verständnis auf als die übrige Familie, geschweige daß sie seinen Übertritt ins proletarische Lager gebilligt hätte. Else Lasker-Schüler widmete ihr Toller-Gedicht «Seiner Mutter»; auf die Eingangsstrophen folgt: «Seine Mutter weinte sehr / Nach ihrem ‹wilden großen Jungen› ...» In seinem frühesten bekannten Poem, *Der Ringende* (1912)[31], klagt der Neunzehnjährige, wie wenig seine reale Mutter seinem inneren Mutterverlangen, seiner Vorstellung einer idealen Mutter, genüge. Die unbeholfenen Verse lassen auf eine verborgene intensive Mutterbindung schließen, eine weitere Analogie zu dem so gegensätzlichen Prager Franz Kafka.[32]

Das Eingangsbild der *Wandlung* suggeriert, daß Ida Toller eine zwar liebevolle, aber dem Sohn geistig ferne, konventionelle, unbedeutende Frau war. Ungeachtet vieler Affären glückte Toller zeitlebens keine längere ernsthafte Verbindung mit einer Frau, er blieb kinderlos, seine einzige und relativ späte Ehe scheiterte nach wenigen Jahren.[33] Zu tiefenpsychologischer Spekulation reizt, daß sich der werdende Dichter 1912 von einer als ungenügend empfundenen Mutter zu lösen suchte:

Das Stadttheater in Bromberg

Bin ich nicht selbst mir Mutter?
Du, Frau, gabst stöhnend
Einmal Leben mir,
Ich starb so oft seit jenem Tag,
Ich starb
Gebar mich
Starb
Gebar mich
Ich ward mir Mutter.

Ob der dramaturgisch unmotivierte Auftritt von Eugens Mutter in der Schlußszene der Heimkehrertragödie *Hinkemann* autobiographischen

Der Gymnasiast Toller

Gehalt besitzt, läßt sich bei den minimalen lebensgeschichtlichen Kenntnissen der Toller-Forschung nicht entscheiden. Jedenfalls ist das expressionistische Schema positive Mutter/negativer Vater hier scharf ausgeprägt.

Vater Toller hatte seinen Sohn Ernst um 1905 nach Bromberg auf das kgl. preußische Realgymnasium geschickt, wo er, in private Pension gegeben, acht Jahre lebte. Sparsame Notizen aus den Jahren der Pubertät und Adoleszenz erwähnen erste dichterische Versuche – *rebellische Gedichte* und Dramen –, einen literarischen Schülerverein «Clio» und die Vorliebe für verbotene naturalistische Autoren wie Hauptmann, Ibsen, Strindberg und Wedekind. Der Schauspielerberuf reizte den Knaben; daß er sein Talent in Schüleraufführungen erprobte, berichtete er selber[34], wurde von einem ehemaligen Mitschüler 1919 gehässig kolportiert.[35] Die Jugendbiographie erzählt von einer ersten, schwärmerischen, nahezu tragikomisch endenden Schülerliebe zu einer Heroine des Bromberger Stadttheaters. Das Gymnasium war eine Qual für ihn; ein ebenso stupider wie verstaubter Unterricht hatte Gehorsam, Untertanengeist zum höchsten Ziel. Die Lehrer waren von nationalem Dünkel erfüllt.[36]

Aus der als Jugendgefängnis erlebten preußischen Zuchtanstalt erlösten einzig die Ferien, in sie fielen die wenigen persönlichkeitsformenden Ereignisse. So konfrontierte das unwürdige Sterben eines stadtbekannten Debilen und Armenhäuslers, des Epileptikers Julius, den jungen Toller erstmals mit *der Grausamkeit der Welt*; er begriff, wie der Schwache brutal vom Starken niedergetrampelt wird: ... *ich fasse das Tun der Menschen nicht, sie könnten gut sein, ohne Mühe, und sie freuen sich am Bösen.*[37] In seiner Jugendgeschichte nannte Toller diesen (typisch expressionistischen) ‹Armen› solidarisch einen *Arbeiter* und seinen *Freund*. Seinerzeit hatte der etwa Dreizehnjährige in einem Leserbrief an die «Samotschiner Zeitung» die beschämenden Umstände von Julius' armseligem Tod enthüllt.[38] Stadtregent Ebert, sich persönlich angegriffen wähnend, übte Druck aus, um den Namen des Einsenders zu erfahren, drohte mit Anzeige, worauf der Besitzer des Winkelblättchens weich wurde. Vater Toller beschwichtigte zwar den Bürgermeister, aber der Sohn warf einen ersten Blick ins öffentliche Tagesgeschäft, begriff das Korrupte in jeder Macht, Opportunismus und Manipulation, die taktische ‹Moral› des Politikers. Das eine: Julius' Tod, wie das andere: der ungenierte Machteinsatz Eberts, stellten Urerlebnisse des jungen Ernst Toller dar. Seinen erwachten Sinn für die Erniedrigten und Beleidigten, die verachteten Underdogs schärfte der Fall des Straßenkehrers Louis, der eine ständige Zielscheibe des Spotts von Samotschins Jugend bildete. Bald sollten Dostojevskij und Tolstoj zu den Lieblingsschriftstellern des Studenten Toller gehören.

Nach dem Abitur floh Ernst – Anfang 1914 – aus Preußen gleich über anderthalbtausend Kilometer bis nach Grenoble. Daß es sich um eine für Ausländer bestimmte *Propagandauniversität* handelte, erkannte er schnell, betrat ihre Hörsäle wohl selten: *Die seichten Vorlesungen langweilen mich, die meisten Professoren erinnern an Etagenchefs eines Waren-*

hauses, sie preisen die verschiedenen Artikel offiziöser Kultur an, ihre Sätze ähneln den Schlagzeilen der Reklameinserate.[39] Zwanzig Jahre alt, aus den Fesseln eines engen Provinzlebens befreit, absolvierte er erste Abenteuer am Spieltisch und im Bordell, trank im Verein deutscher Studenten mit zackigem Komment dünnes Bier und ließ nächtlich das Deutschlandlied erschallen. Das Intermezzo dieses halben Jahres war die sorgloseste Zeit in Tollers Leben, vielleicht seine glücklichste überhaupt.

Doch blieb der seine Ungebundenheit genießende Bürgersproß von peinlichen Ahnungen nicht verschont: er begriff seine soziale Bevorzugung, die Bedingung seiner Freiheit: Geld. Zweifel regten sich in ihm an der Rechtmäßigkeit einer Sozialordnung, die in Arm und Reich zerfällt. Erneut brach sein soziales Gewissen auf, erwachte sein Gerechtigkeitsempfinden, doch dieses blieb nun nicht mehr wie in Samotschin auf Einzelschicksale fixiert. Das Bürgerkind merkte *mit schlechtem Gewissen*, daß es das Geld liebte und daß dieses Geld von seiner Familie stammte. Mit Tagträumen eines guten Lebens überspielte Toller seine *Gewissensskrupel*, bis die Ereignisse des Juli 1914 ihn jäh in die Wirklichkeit stießen: der österreichisch-serbische Konflikt störte das Idyll Grenoble auf, die Ermordung Jean Jaurès', des Hauptes der Sozialisten, riß alle Dämme ein, die Friedensliebe des Volkes schlug in einen furchterregenden Patriotismus und Chauvinismus um. So wurde Toller erstmals Zeuge des Wankelmutes, der Unbeständigkeit der Massen – auch dies eines seiner Urerlebnisse. Am Tag der Kriegserklärung schlug er sich zur Schweizer Grenze durch. Über Genf kehrte er nach Deutschland zurück.

Vom Patrioten zum Pazifisten

Der Taumel eines nationalen Einungswahns hatte auch den jungen Juden Ernst Toller erfaßt: *Der Kaiser kennt keine Parteien mehr, hier steht es schwarz auf weiß, das Land keine Rassen mehr, alle sprechen eine Sprache, alle verteidigen eine Mutter, Deutschland.*[40] Das Erstsemester kehrte nicht erst nach Posen zurück, sondern meldete sich sofort in München als Kriegsfreiwilliger. Es gelang ihm, beim 1. Bayerischen Fuß-Artillerie-Regiment angenommen zu werden. Rekrut Toller, der in Posen offenbar nicht als Einjährig-Freiwilliger gedient hatte, verließ Mitte August mit einem Truppentransport München. Der kritische Sinn des gymnasialen Protestverseschreibers war erloschen: *Ja, wir leben in einem Rausch des Gefühls. Die Worte Deutschland, Vaterland, Krieg haben magische Kraft, wenn wir sie aussprechen, verflüchtigen sie sich nicht, sie schweben in der Luft, kreisen um sich selbst, entzünden sich und uns.*[41] Bis Januar 1915 blieb das Regiment in der Etappe im linksrheinischen Bayern, nahe der Festung Germersheim am Rhein, danach bezog es bei Straßburg Quartier.

Um dem öden Einerlei von leerer Untätigkeit und stumpfsinnigem Drill zu entkommen, meldete sich Toller an die Front; wieder gelang es dem Ungeduldigen, Erregten, zum Handeln Drängenden, durch forschen Eifer Bedenken wegen seiner – selbst Nichtmedizinern erkennbaren – labilen körperlichen Verfassung zu überwinden. Von März 1915 an war er, inzwischen zum Unteroffizier befördert, im Einsatz vor Verdun, erst bei Pont-au-Mousson, danach – erneut auf eigenen Wunsch – im berüchtigten Priesterwald. Zu den acht erhaltenen Kriegsgedichten Tollers gehört *Gang zur Ruhestellung* (1915):

Mann hinter Mann
Torkelt im Laufgraben.
Gepäck drückt müde Knochen.
An Kleidern frißt Lehm.
In grauen Gesichtern stumpfen Augen.
Irgendwer stolpert, fällt hin.
Am Waldfriedhof Sammeln.
Einer träumt am Massengrab
«Solchen Haufen Weihnachtskuchen

Wünscht ich mir als Kind,
Soviel» ...
Vierzehn Kumpel zerbrach eine Mine.
Wann wars doch?
Gestern.[42]

Überraschende Verse, die in ihrer betonten Kunstlosigkeit nichts mit der (oft in der Heimat geschriebenen) inflationären Kriegspoesie jener Jahre gemein haben und an ‹antiästhetische› Tendenzen unserer Zeit erinnern. Das Inferno der Materialschlacht, das Massensterben erlebte Toller als vorgeschobener Artilleriebeobachter. Allmählich wich die Begeisterung über Volltreffer einem Zweifel am Sinn solchen Gemetzels. Die Euphorie des ‹Kriegsmutwilligen› verflog, das Ethos unbedingter Pflichterfüllung geriet nach kraß desillusionierenden Erlebnissen ins Wanken. Er erfuhr die Kluft zwischen Oben und Unten: kleinliche, aber lebensgefährliche Schikanen eines dünkelhaften, eitlen Leutnants trieben Toller dazu, sich freiwillig in die Hölle des Bois-des-Prêtres zu melden.

Die Schrecken des Stellungskrieges kulminierten für ihn in einem Geschehnis, das als ein weiteres soziales Urerlebnis gelten kann und wesentlich zu seiner Wandlung zum Pazifisten beitrug: ein Soldat hing drei Tage und Nächte unrettbar im Stacheldraht zwischen den Linien, ehe er starb. *Der Schrei lebt für sich, er klagt die Erde an und den Himmel. Wir pressen die Fäuste an unsere Ohren, um das Gewimmer nicht zu hören, es hilft nichts, der Schrei dreht sich wie ein Kreisel in unsern Köpfen, er zerdehnt die Minuten zu Stunden, die Stunden zu Jahren. Wir vertrocknen und vergreisen zwischen Ton und Ton.*[43] Schieres Grauen, weit mehr als bloßes Mitleid, erzeugen die Toten. Im Graben schanzend, hatte der Soldat Toller unversehens die Gedärme eines Verscharrten auf dem Pickel:

Ein – toter – Mensch –

Und plötzlich, als teile sich die Finsternis vom Licht, das Wort vom Sinn, erfasse ich die einfache Wahrheit Mensch, die ich vergessen hatte, die vergraben und verschüttet lag, die Gemeinsamkeit, das Eine und Einende.

Ein toter Mensch.

Nicht: ein toter Franzose.

Nicht: ein toter Deutscher.

Ein toter Mensch.[44]

Das vielgeschmähte ‹Abstrakte› des expressionistischen Humanitarismus, seines ‹Bruder Mensch›-Kults wurzelte nicht zuletzt in solchen konkreten Erlebnissen der Kriegsgeneration. *In dieser Stunde weiß ich, daß ich blind war, weil ich mich geblendet hatte, in dieser Stunde weiß ich endlich, daß alle diese Toten, Franzosen und Deutsche, Brüder waren, und daß ich ihr Bruder bin.*[45] Um dem unerträglichen Massencharakter des Leidens und Sterbens zu entfliehen, meldete er sich zu den Fliegern. Vor der Versetzung wurde er – Mai 1916 – in ein Straßburger Lazarett eingewiesen, nach eigener Angabe wegen Magenerkrankung und Herzversagen (Frühwald und Spalek nennen «Herz- und Nervenleiden»[46]). Ein Sanato-

1914: der Kriegsfreiwillige

rium in Ebenhausen im Isartal und eine Genesungskompanie in Mainz waren die nächsten Stationen. Kurz vor Jahresende 1916 wurde Toller zum Studium beurlaubt. Er ging nach München, um Literatur und Staatswissenschaften zu studieren.

An der Isar war damals ‹Theaterprofessor› Arthur Kutscher die Hauptattraktion junger Literaturbeflissener, der Berühmtheiten wie Thomas Mann, Max Halbe und Karl Henckell dafür gewann, vor Studenten aus ihren Werken zu lesen. Toller verkehrte mit poetisch dilettierenden Gleichaltrigen, lernte Rilke kennen und wurde sogar in das Haus Mann eingeladen: er trug dem Verfasser der «Buddenbrooks» seine Verse vor, erhielt brieflich dessen ausführliche, wohlwollende Begutachtung dieser ersten Versuche.

Der dem ‹Menschenschlachthaus› Entronnene suchte zu vergessen, ignorierte die Zeitungen mit ihren Frontberichten. Doch die Opfer des Mordens begegneten ihm täglich in den Hörsälen. In grauenvollen Gesichten holte ihn das Erlebte wieder ein, kaum daß er im Vorfrühling 1917 sich seines kreatürlichen Daseins tastend zu vergewissern und zu erfreuen begann. Der entscheidende Sprung in Tollers Entwicklung erfolgte im Herbst. Ausgelöst wurde dieser Prozeß geistiger Bewußtwerdung durch ein Treffen auf Lauenstein, zu dem der Jenaer Verleger Eugen Diederichs eingeladen hatte. Unter den älteren Teilnehmern befanden sich neben Künstlern, Publizisten und ‹Lebensreformern› prominente Wissenschaftler, so die Soziologen Ferdinand Tönnies (1855–1936), Verfasser des epochalen Werkes «Gemeinschaft und Gesellschaft» (1887), und Max Weber (1864–1920), der Historiker Friedrich Meinecke (1862–1954) und der Nationalökonom Werner Sombart (1863–1941). Die schöne Literatur vertraten unter anderen der Arbeiterdichter Karl Bröger, der enttäuschte Kriegsfreiwillige Richard Dehmel und Walter von Molo. Toller stellt den Konvent auf der thüringischen Burg in seiner Jugendbiographie als massive Enttäuschung geheimer Hoffnungen und unbestimmter Erwartungen der Jüngeren dar, die erkennen mußten, daß die Geistestitanen *keine biblischen Propheten* waren, *die eine verirrte Welt mit mächtigem Wort richten und verdammen* würden und *bereit wären, den Zorn der Könige und Tyrannen furchtlos zu ertragen.*[47] Die Jugend begriff angeblich – Toller urteilt im nachhinein –, daß aus der bürgerlichen Gelehrtenrepublik *keine Rebellen und Aufrührer* kommen würden. Positiv spricht Toller nur über Max Weber, der mit seltener Zivilcourage den Kaiser attackierte, die Schwächen des Hohenzollernregimes bloßlegte und für eine Demokratisierung des Obrigkeitsstaates eintrat. Unromantische Nüchternheit und *intellektuelle Rechtschaffenheit* unterschied in Tollers Augen Weber von seinen meist deutschtümelnden Kollegen, doch stand selbst er dem Willen der Jugend, *ein neues Fundament* von Staat und Gesellschaft zu legen, als vorsichtiger bürgerlicher Reformist fern.

Toller folgte Weber nach Heidelberg und war im Winter 1917/18 an der staatswissenschaftlichen Fakultät eingeschrieben. Was ihn an den illustren Häuptern deutscher Geistigkeit *tief enttäuscht* hatte – *Große Worte wurden gesprochen, nichts geschah*[48] –, stimmte ihn jetzt an den Generationsgefährten nieder. In der *Doktorfabrik* am Neckar traf er gleichfalls lediglich auf *Wortschwall, Tatenlosigkeit, Feigheit*[49]. Als Verrat an dem im Felde *mit heiligem Ernst* geleisteten Schwur, dem sinnlosen Geschehen

Toller als Artillerist (mit Schöpfkelle), 1914/15

des Krieges einen Sinn zu geben, nämlich das Gemeinwesen gänzlich zu erneuern, erschienen ihm die harmlosen Diskussionsrunden. Toller mythisiert die Jugend expressionistisch, wenn er von einem *Aufbruch der Jugend* redet, die in den Schützengräben gekämpft hatte: *Dieses Europa muß umgepflügt werden von Grund auf, gelobten wir, die Väter haben uns verraten, die Frontjugend, hart und unsentimental, wird das Werk der Reinigung beginnen, wer hätte das Recht, wenn nicht sie.*[50] Die Sendung der

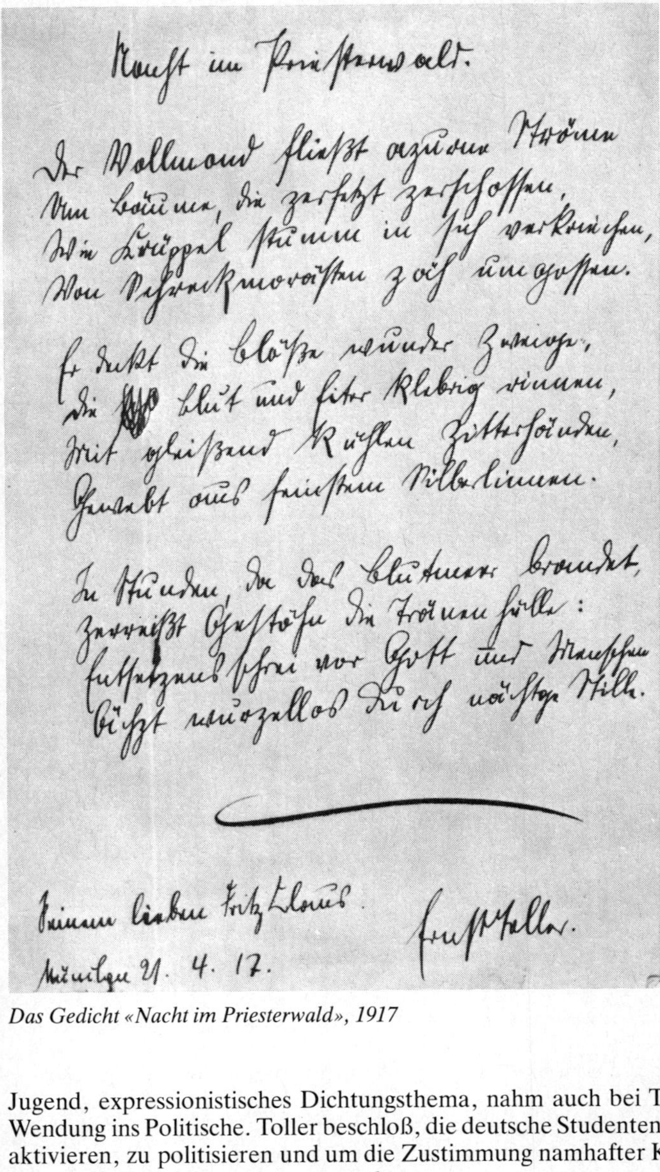

Das Gedicht «Nacht im Priesterwald», 1917

Jugend, expressionistisches Dichtungsthema, nahm auch bei Toller die Wendung ins Politische. Toller beschloß, die deutsche Studentenschaft zu aktivieren, zu politisieren und um die Zustimmung namhafter Köpfe für sein pazifistisches Programm zu werben.

Zu diesem Zweck suchte er einen lockeren Freundeskreis von elf Studentinnen und Studenten, der sich unregelmäßig zu zwanglosen Debattierabenden traf, zu einer Sammlungsbewegung antikonservativer und kriegsfeindlicher Studenten im ganzen Reich umzufunktionieren. Seiner Initiative, die sich in einer einmaligen Briefaktion nahezu erschöpft haben dürfte, gab er eigenmächtig den großspurigen Namen *Kulturpolitischer Bund der Jugend in Deutschland*.[51] Die Gründung des Bundes von Tollers Gnaden stand lediglich auf dem Papier. Dieser durch die Toller-Legende geisternde Bund hat, genau besehen, nicht einen einzigen Tag existiert. Wovon Freunde und Verehrer später respektvoll sprachen, war ein Phantom, die pure Wunschphantasie eines ehrgeizigen Einzelgängers: eine aktionistische leere Geste. Hinter dem Bund stand niemand als Toller selber, den hochtrabenden Namen benutzte niemand außer ihm[52], die Adresse in der Heidelberger Altstadt (Friedrichstr. 8) war vermutlich die Studentenbude des Gründers und Alleinrepräsentanten. Auf die Erfolgsaussichten seines politischen Tuns verschwendete Toller wohl nicht allzuviel analytisches Kalkül. Rückhalt bei irgendwelchen Gruppen von einigem Gewicht hatte er vor seiner Privataktion nicht gesucht. Er handelte rein emotional, spekulierte auf ein latentes Protestpotential in der zumeist aus Kriegsverletzten und Mädchen bestehenden Studentenschaft.

Nicht der Bund selber, Tollers Gründungsaufruf vom November 1917[53] ist heute allenfalls, als persönliches Dokument, von Interesse. Als Wirkungsziele gab der cand. iur. Ernst Toller *Aufrüttelung der Studierenden zur Stellungnahme überhaupt*, Zusammenschluß aller, die *Kriege, Machtpolitik, Militarismus* bekämpfen, schließlich die *übernationale Wirkung eines Gesinnungsbeweises* an.[54] Der an auswärtige Universitäten und bekannte Persönlichkeiten verschickte Aufruf erhob *kultursittliche Forderungen* folgender Art: *Wir verwahren uns gegen die Anmaßung der deutschen Vaterlandspartei und ähnlicher Strömungen, Sonderinteressen mit dem Wort «vaterländisch» zu decken und zu schützen. Wir wissen, daß unsere Kultur von keiner fremden Macht erdrückt werden kann, verwerfen aber auch den Versuch, andere Völker mit unserer Kultur zu vergewaltigen. Statt Machterweiterung, Vertiefung der Kultur, die Menschheitssittlichkeit zum Inhalt hat! Statt geistloser Organisation, Organisation des Geistes!*[55] Der Aufruf, den unter anderen Heinrich Mann, Carl Hauptmann, Hasenclever, Wolfenstein, Henckell und Molo billigten, schloß mit einem Appell zu *gemeinsamer Aktion*. Die attackierte Kriegspartei, die für Durchhalten und Sieg statt für einen Verständigungsfrieden eintrat, löste eine Pressefehde aus, um das Verbot des Bundes zu erreichen.[56]

Tollers *Leitsätze*[57] nehmen in mancher Hinsicht Ideen des politisierten Expressionismus um 1920 («Aktivismus») vorweg. So sollte *Liebe zum Volk* die Bundmitglieder motivieren, starre *Dinghaftigkeit* durch lebendige *Menschhaftigkeit* ersetzt, die *Kluft zwischen Volk und Intellektuellen* geschlossen werden. Letzteren wird eine *Führer*-Rolle zugewiesen – das Volk brauche den *Geistigen*, der seinerseits *praktische Arbeit* leisten müsse. Zwei Schlüsselbegriffe des Expressionismus tauchen auf: die *rein menschliche Liebe* und die *Idee wahrhaftigen Geistes*. Sie bilden die geisti-

Max Weber und Ernst Toller auf der Burg Lauenstein, 1917

ge Basis dieser Leitsätze, die von der Tagesrealität ins Utopische übergehen. Die Bundmitglieder sollten die verschütteten *schöpferischen Keime* des Volkes befreien, ihr Mittel dazu wird die *Liebe* sein. Tollers tolstojanische Volksbeglückungsutopie verstieg sich schwärmend: *Auf daß jeder seinen Wirkungskreis umgestalte in schöpferische, geisterfüllte Wirklichkeit und wir gelangen zu einer Gemeinschaft von Persönlichkeiten.*[58] Alles wird, expressionistisch und urchristlich, von der Liebeskraft des menschlichen Herzens erhofft, vom Einzel-Ich, aus dessen *Wandlung* die ersehnte *Gemeinschaft* erstehen würde: *Jeder wirke, ausströmend Seele und Geist, als Mensch, zum Menschen. Aus seinem Herzen soll er Gemeinschaftsbande spinnen ... Nur aus innerlicher Mensch-Wandlung kann die*

Gemeinschaft, die wir erstreben, erwachsen.[59] Es ist das Menschenbild der expressionistischen Bewegung, das dem einzelnen absoluten Vorrang vor seiner Klassenzugehörigkeit einräumt. Konzeption und Niederschrift einiger Szenen der *Wandlung* fielen in diese Zeit.

Die in neun Punkte gegliederten Ziele des Bundes waren allzu emphatisch und stimmten mit den Anschauungen der zu schätzungsweise 95 Prozent bürgerlich-konservativen Studentenschaft keineswegs überein. So schlug dem Bund ohne Statuten, Organe und Mitglieder eine Woge von Haß entgegen, Drohbriefe und Schmähepisteln trafen bei Toller ein, rechte Studenten wollten ihn auf dem Heidelberger Schloß verprügeln[60], Professoren schimpften die Dissidenten *würdelose Pazifisten*. Die Oberste Heeresleitung, 1917 im zivilen Bereich allmächtig, ließ Tollers realiter gar nicht existente Organisation verbieten. Einer angeblich drohenden Verhaftung entging er im Dezember durch Zufall: er lag im Krankenhaus. Von einer jungen Dame gewarnt, entwich er überstürzt nach Berlin. Von Haftbefehl und Fahndung ist allerdings nichts bekannt – möglicherweise handelt es sich bei seiner dramatischen Flucht um eine seiner Selbststilisierungen. Sofort nach seiner Ankunft will er sich im Reichstag um Hilfe für den Bund an linke Abgeordnete gewandt haben, ohne Erfolg, das luftige Gebilde des Tollerschen *Kampfbundes* blieb verboten. Damit hatte zugleich sein kurzbemessenes und kaum sonderlich intensives Studium der Rechts- und Staatswissenschaften – höchstens zwei Semester – ein abruptes Ende gefunden.

Aus Heidelberg hatte Toller Kontakt mit dem Privatgelehrten Gustav Landauer (1870–1919) aufgenommen, dessen «Aufruf zum Sozialismus» (1911) ihn *entscheidend berührt und bestimmt* hatte.[61] Toller warb um Landauers *unbedingtes Vertrauen* und wandte sich mit der *Bitte um Mitarbeit* am Bund an den Apostel der Gewaltlosigkeit. Seine Selbstdarstellung gegenüber dem Verfasser der «12 Artikel des Sozialistischen Bundes» von 1908 macht darüber hinaus klar, was im Expressionismus *Menschheitsgesinnung* bedeutete, jenes ethische Axiom, das oft als ‹vage› und ‹abstrakt›, als ‹idealistische› Schwarmgeisterei oder ‹kleinbürgerlicher› Eskapismus abgewertet wird. Wie im 18. Jahrhundert die Aufklärer mit Allgemeinbegriffen vom ‹Menschen›, von einer ‹Menschheit› oder dem ‹Menschengeschlecht› die Standeskategorien hinter sich gelassen hatten, so gingen die Expressionisten über nationale und ‹völkische›, klassenmäßige und ‹proletarische› Denkschemata hinaus. *Es gibt nur eine Sittlichkeit, die für die Menschheit gültig ist. Es gibt nur einen Geist, der in der Menschheit lebt*[62], hatte Toller im «Berliner Tageblatt» auf die Verbotshetze der Reaktionäre gegen seinen fiktiven Bund geantwortet. Nicht als Ausweichen ins Unbestimmte, Beliebige, Allgemeine verstand Toller seine *Menschheitsgesinnung*, vielmehr als subversiv, staatsfeindlich, völkerversöhnend, Grenzen aufhebend, Vorurteile überwindend. Tatsächlich war eine antinationalistische *Menschheitsgesinnung* in der historischen Situation von 1917 die politisch fortschrittlichste und geistig revolutionärste Position überhaupt.

Gustav Landauer

München und Heidelberg erwiesen sich, verglichen mit dem hektischen Szenenwechsel des folgenden Jahres, als pure Idylle. In Berlin blieb Toller nur wenige Wochen um die Jahreswende 1917/18. Eigenem Zeugnis zufolge verlor er seinen Glauben an die gerechte deutsche Sache erst jetzt, als er geheime Denkschriften zur Kriegsschuldfrage las und den Zusammenhang zwischen Krieg und Wirtschaftsimperialismus begriff: *Wir sind betrogen, unser Einsatz war umsonst, bei dieser Erkenntnis stürzt mir eine Welt zusammen.*[63] In dieser Zeit näherte sich Toller der Arbeiterbewegung. Er begegnete in Berlin Kurt Eisner (1867–1919), einem ungemein beliebten Arbeiterführer, der nach Weber und Landauer Tollers dritter geistiger Mentor wurde. Als Pazifist der ersten Stunde, der für seine Überzeugung ins Gefängnis gegangen war, erschien er dem mißtrauischen Toller moralisch integer, vertrauenswürdig. Der Schriftsteller und Theaterkritiker Eisner faszinierte den durchgebrannten Studenten auch deshalb, weil er für seine Person den Riß zwischen dem *Geistigen* und dem *Volk* geschlossen hatte. So sprach Toller in Berlin – sein erster öffentlicher Auftritt – nicht zufällig in einer Versammlung, die unter dem Leitthema «Arbeiter der Stirn und der Faust vereinigt Euch» stand.

Wie anderthalb Jahre zuvor dem Professor nach Heidelberg, folgte Toller im Januar 1918 dem Politiker nach München – klarer konnte sich seine neue Entwicklungsphase nicht äußern. Eisner, altgedienter Redakteur der sozialdemokratischen Parteipresse, war jetzt in der USP (Unabhängigen Sozialdemokratischen Partei) tätig, die sich 1916 als linke, kriegsgegnerische Fraktion von der SPD abgespalten hatte.

Bei diesem zweiten München-Aufenthalt lernte Toller, der Bürgersohn vom Lande, auf Massenzusammenkünften den deutschen Arbeiter kennen. Er war auf das nachhaltigste beeindruckt: *Männer von nüchternem Verstand, sozialer Einsicht, großem Lebenswissen, gehärtetem Willen, Sozialisten, die ohne Rücksicht auf Vorteile des Tages der Sache dienten, an die sie glaubten.*[64] Wie von selber glitt er in den spontanen, von keiner Partei organisierten Friedensstreik der Krupp-Arbeiter hinein, verteilte Flugblätter mit seinen Kriegsgedichten und den Lazarett- und Krüppelszenen des Dramas *Die Wandlung*. Nach der Verhaftung des Streikkomitees, dem Eisner angehörte, meldete sich Toller für eine Delegation, die beim Polizeipräsidenten die Entlassung der Komiteemitglieder erwirken sollte, stellte sich auf Verlangen den Arbeitern vor und marschierte, einer

Kurt Eisner

unter Tausenden, zum Polizeigebäude: seine Solidarisierung mit der Arbeiterschaft war vollzogen. An den nächsten Tagen – 2./3. Februar – sprach er zu Streikenden auf der Theresienwiese: der Massenredner Toller war geboren.

Nach dem Zusammenbruch des Streiks, der 50000 Menschen auf die Beine gebracht hatte, wurde Toller verhaftet – ein Bruch der Straffreiheitszusage des SPD-Führers Erhard Auer, dessen Überredungskünsten die Streikenden erlegen waren. In Handschellen wurde er abgeführt, in der Artilleriekaserne zog man ihm eine Uniform an. Der Entwurf eines Flugblatts von seiner Hand wurde ihm zum Verhängnis, die Militärarrestanstalt Leonrodstraße sein nächstes Domizil. Das mit Deserteuren überfüllte, schmutzstarrende und verwanzte Gefängnis war Tollers erste Station auf seinem Weg durch bayerische Haftanstalten. Von der Einlieferung eines Gefangenen handelt das aus expressionistischem Sprachgestus und Pathos lebende Gedicht *Durchsuchung und Fesselung*:

Nackten Leib brutalen Blicken preisgegeben,
Betastet uns ein schamlos Greifen feiler Hände,
In Fratzenbündel splittern graue Wände,
Die Pfeilen gleich gen unsre Herzen streben.
Pflockt Arm und Fuß in rostge Kette,
Brennt Narben ein den magren Händen,
Ihr könnt, ihr könnt den Leib nicht schänden,
Wir stehen frei an der verfemten Stätte!
So standen vor uns die Geweihten,
So starben sie am Rand der Zeiten.[65]

In der Zelle las Toller Marx und Engels, Franz Mehring (1846–1919) und Rosa Luxemburg (1870–1919), den russischen Anarchisten Michail Bakunin (1814–76) und Ferdinand Lassalle (1825–64, Begründer der deutschen Sozialdemokratie). Es waren seine ersten Schritte in die sozialistische Theorie wie in die Sozial- und Wirtschaftsgeschichte. Zugleich entstanden die frühesten *Lieder der Gefangenen* und – angeblich – die abschließenden Szenen der *Wandlung*. Tollers bislang bescheidene Menschenkenntnis nahm zu: er lernte den opportunistischen, feigen Aufseher und den rohen Schreibstuben-Potentaten kennen, den aus Anpassungssucht doppelt regimetreuen Juden und den kalten Beamten des Justizapparats. Isolationshaft – auch Rechtsbeistände wurden nicht eingelassen – trieb ihn in seinen ersten Hungerstreik. Nach endlosen Verhören suchte der Kriegsrichter, mit schweren Strafen drohend, Tollers Unterschrift unter ein gefälschtes Protokoll zu erzwingen, vergeblich, der Häftling blieb standhaft. Dies war ein Initialerlebnis: Die Justiz wird zu einem Hauptthema des Autors Toller werden. Im 9. Bild der *Wandlung*, Ort ein symbolisches Gefängnis, treten Justizpersonen auf: die *unberufenen Richter in schwarzen Mänteln mit Totenschädeln* eilen an dem Gefangenen, der den Freitod wählte, schweigend vorbei.

Ein Totentanz

Tollers Bühnendebüt *Die Wandlung* gilt bis heute als eines der wichtigsten expressionistischen Verkündigungs- oder Wandlungsdramen. Seiner Dramaturgie und Formgestalt nach ist dieser Typus ein Stationendrama: statt eines durchgehenden Handlungsbogens eine lose Szenenfolge, deren Schauplätze weit auseinanderliegen und die eine zeitliche Kontinuität vermissen läßt. Vorläufer war die Trilogie «Nach Damaskus» (1898–1904) des Schweden August Strindberg, dessen Name im 1. Bild fällt. Die Struktur ist einpolig, das heißt an Stelle widerstreitender Gegner bzw. Kräfte tritt ein einziger Protagonist auf, der das Spiel absolut dominiert, auf den alles bezogen ist, ja, als dessen innere Projektion das dramatische Geschehen und dessen Figuren erscheinen. Diese zentrale Gestalt schreitet die Stationenfolge ab, durchwandert einen symbolischen Weltausschnitt. Er endet entweder in Untergang und Tod oder nimmt eine überraschende Wendung ins Positiv-Utopische, zu gänzlicher Erneuerung, Wiedergeburt, nach welcher der somit Gewandelte, Erweckte seine frische Erkenntnis einer prototypischen Menge – sie steht für die Menschheit – verkündet, meist im Schlußbild, das oft einem oratorienhaften Tableau gleicht. Schon der Paulus-Stoff Strindbergs deutet auf die christliche Herkunft dieses Dramentyps, der an ein säkularisiertes Passionsspiel erinnert.

Tollers sechs Stationen umfassen dreizehn Bilder. Friedrich, der Protagonist, geht in ihnen einen Kreuzweg vom patriotischen Kriegsfreiwilligen zum politisch-sozialen Revolutionär, Rufer zum Umsturz. Eine historische Zeit und einen geographischen Schauplatz nannte der Autor, um Allgemeingültigkeit bemüht, nicht, die allegorische Handlung spielt *in Europa vor Anbruch der Wiedergeburt*. Die Revolution, am Schluß verkündet, ließ sich im März 1918, dem angeblichen Datum der Fertigstellung des Stückes, ohnehin nicht datieren. Tollers Erstling ist ein Antikriegsdrama, das die geschichtliche Wahrheit insoweit traf, als die Novemberrevolution eine unmittelbare Folge des Krieges war. Die Vorgänge im Zarenreich 1917 erleichterten freilich die Voraussage, daß der Weltkrieg zum Umsturz führen werde. Die pazifistische Tendenz tritt sofort im spukhaften *Vorspiel, das auch als Nachspiel gedacht werden kann*, hervor (*Die Totenkaserne*). Es spielt nachts auf einem Soldatenfriedhof, seine makabren Akteure heißen *Der Kriegstod* und *Der Friedenstod*, eine Anzahl Skelette spielt mit. Bereits mit diesem grotesk-schaurigen Auftakt betrat Toller den antirealistischen Boden der expressionistischen ‹Stilbühne›, die, ihrem Namen zutrotz, soviel faktische Realität aus der Gegenwart auf die Bretter brachte. Einzelne Bilder (1, 3, z. T. 11) gehorchen einem durchaus realistischen Gestaltungsprinzip, mehr als die Hälfte der dreizehn Bilder sind aber, laut Toller, auf einer hinteren Bühne *schattenhaft wirklich, in innerlicher Traumferne gespielt zu denken.* Wie weitgehend Tollers Stück ein deutscher Totentanz ist, zeigen die Verlarvungen des Todes; gemäß Personenliste tritt dieser Feind des Geistes als Soldat, Professor, Richter und nächtlicher Besucher auf.

Friedrich, portrait imaginaire des Autors, wird im 1. Bild als deutsch-jüdischer Bürgersohn eingeführt, der unter seiner Außenseiterposition als Jude leidet, seinen Anschluß an die Volksgemeinschaft durch ostentativen Patriotismus zu erreichen hofft. Er meldet sich freiwillig und geht

«Die Wandlung»: Uraufführung in der «Tribüne», Berlin 1919, mit Fritz Kortner

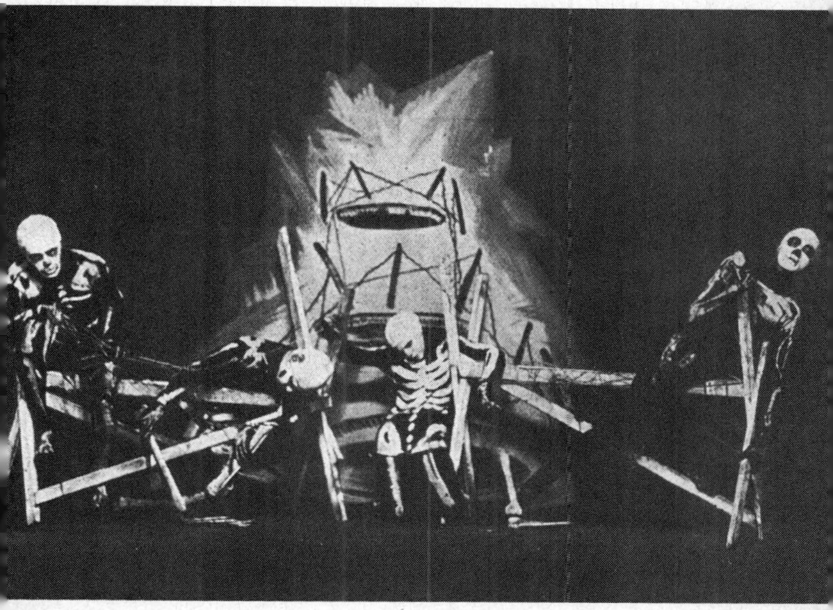

«Die Wandlung» (4. Bild). Szenenfoto der Uraufführung

scheinbar erlöst in die Masse der Soldaten – das Volk – ein (2. Bild). Doch sogar angesichts des gemeinsamen Todes bleibt der junge Jude ein *Fremder*, dem die eigenen Kameraden seine Volkszugehörigkeit bestreiten. Der jüdische Patriot hält verzweifelt an seiner Hoffnung auf Aufnahme fest und meldet sich – *trotz euch* – zu einem besonders gefahrvollen Unternehmen (wie Toller in Frankreich 1915). Bild 4 führt auf nächtlichem Schlachtfeld einen phantastischen Totentanz vor: *kalkbespritzte Skelette* hängen in Drahtverhauen, andere reden und tanzen zwischen Granattrichtern einen *stürmischen Ringelreihn* um die Knochenreste eines von ungezählten Männern zu Tode geschändeten dreizehnjährigen Mädchens. Dann wird die Bühne zum Feldlazarett (5. Bild): Friedrich, einziger Überlebender der Patrouille, erhält aus der Hand eines Offiziers das *Kreuz* für seine Tapferkeit: *Fremder waren Sie unserm Volk, nun haben Sie sich Bürgerrechte erworben.*[66] Zwar ist er jetzt, wie inbrünstig ersehnt, vollgültiges Glied des Vaterlandes, allerdings um den entsetzlichen Preis von 10000 Toten in einer siegreichen Schlacht – ein Preis, der ihn erschreckt und nachdenklich macht. Nach Walter von Molo ist diese Episode autobiographisch (ungleich Friedrich erlitt Toller allerdings einen Wutanfall).[67]

Den Gipfel des Grauens bildet Bild 6 (*Die Krüppel*), auf das nationalistische Kreise nach der Aufführung mit einem Schrei der Empörung reagierten. Zu Unrecht sahen sie hier absichtsvolle Verhöhnung der Kriegsopfer. Der endlose Bettensaal eines Lazaretts wird zum Schauplatz einer bitterbösen Medizinsatire (der Expressionismus wertet den Arzt fast durchweg negativ).[68] Sanitäter kommandieren nach dem Exerzierreglement *in Reih und Glied* marschierende Menschmaschinen, Automaten, *deren Gesichter alle den gleichen stereotypen Ausdruck tragen*. Der Mensch als starrer Mechanismus, ein lebendig Toter statt vom Geist bewegtes Einzel-Ich war beliebtes Thema der Expressionisten, auch deren Malerei (z. B. bei Grosz). Friedrichs Wandlung wird durch zwei erbarmungswürdige Invaliden, Mann und Frau, vorbereitet. Die Frau öffnet ihm die Augen über den Krieg als einen Krieg der Reichen, über Gott als einen Gott der Barlachschen ‹Haber›. Als Bildhauer Friedrich in dem Leierkastenmann, einem von Geschwüren entstellten, verblödeten Sy-

Friedrichs große Volksansprache. Letzte Station der «Wandlung» (13. Bild). Szenenfoto der Uraufführung

philitiker, einen Kriegskameraden aus der afrikanischen Wüste wiedererkennt[69], fühlt er sich dem Wahnsinn nahe und zerschlägt – ein symbolischer Akt – die Statue des vitalistischen Popanz, an der er arbeitet, eine Allegorie des Vaterlandes. In seiner Verzweiflung will er, ein Vaterlandsverräter, Selbstmord begehen. In dieser offenbar aussichtslosen Situation ereignet sich, rational nicht erklärbar, ein «Diesseitswunder» (Brod), wie in expressionistischer Literatur so häufig. Friedrichs Schwester tritt als expressionistischer ‹Retter› auf und bringt den Bruder auf den Heilsweg. Dieser führt den homo viator vom Maskenhaften, Wesenlosen fort aufwärts zu Gott und den Menschen, zum Ich, die in Wahrheit eine Dreieinheit sind.[70] Die Wandlung tritt ein, der Aufbruch hat statt, ekstatisch schreitet der von seinem patriotischen Wahn Geheilte in die Welt hinaus.

Der ins Leben aufgebrochene Friedrich wird in den folgenden Bildern in verschiedensten Situationen gezeigt. Der Zuschauer sieht ihn als Schlafburschen in der elenden Behausung einer armen Kriegerwitwe (8. Bild). Der Tod geleitet ihn zur Nachtzeit in die industrielle Arbeitswelt, die *große Fabrik*, welche ihm *Gefängnis* dünkt. Sie verwandelt sich auf der Hinterbühne in einen mehrstöckigen Zellenbau, eine Haftanstalt (9. Bild). Toller griff die im Expressionismus beliebte Christus-Mythe auf: ein Gefangener – Friedrich – stürzte sich in den Mittelschacht, er liegt sterbend auf dem nackten Zement, *den Kopf zurückgebeugt, die Arme gestreckt, als ob er gekreuzigt wäre*[71]. Seine anklagenden Schreie sprengen – ein Wundergeschehen – die Zellentüren auf, in denen die Häftlinge mit *verzückt nach oben* starrenden Augen stehen. Ein für den religiösen Expressionismus charakteristisches gutes Geschehen, allegorisch-utopische Verheißung von Befreiung und Erlösung, bildet die Klimax: Ein Kind wird inmitten der lebendig Toten geboren.[72] Die Häftlinge schauen *voll Ehrfurcht* auf das Weib ihres toten Leidensgefährten, welches ihnen das Neugeborene entgegenhält. *Die Decke wölbt sich zum unendlichen Himmel*, lautet die Regienotiz.[73]

Den Beweis für die Macht des Geistes, der allein durch seinen Appell die Menschen zu erwecken vermag, erbringt Friedrich in der Volksversammlung (11. Bild). Hungernde Exsoldaten lassen hier einen Nationalisten vom Kriegerverein, einen regimeergebenen Universitätsprofessor und einen Militärpfarrer Schlag auf Schlag abblitzen. Allerdings drohen sie alsdann der Demagogie eines Pseudorevolutionärs, des *Kommis des Tages*, zu verfallen, der sich beim Volk schamlos anbiedert. Der sich radikal gebende *Herr Doktor* ist ein wildgewordener Literat, der das *Blut der Freiheit* fließen sehen will. Vor diesem Aufpeitscher zu revolutionärem Terror, einem neuen Saint-Just, der Haß und rauschhaften Aktionismus predigt, warnt Friedrich. Er hält diesen selbsternannten Propheten einer künftigen Revolution für nichts als einen geschickten Anpasser, Mitläufer. Toller zielte mit dem Propagandisten von *Halbwahrheiten* ahnungsvoll auf jene späteren radikalen Maulhelden, die sich eilfertig volksverbunden gaben und als schneidige Anwälte des Umsturzes agierten, nach dem Scheitern der Revolutionsversuche aber ebenso rasch wieder von der

Bildfläche verschwunden waren.[74] Das Leitthema des zweiten Toller-Stückes (*Masse – Mensch*) ist hier bereits vorweggenommen, der Gegensatz nämlich von Volk und Masse, lebendigem Ich und totem Maschinenglied. Vom *Kommis des Tages* heißt es: *Volk aber ist für ihn Masse. Denn er weiß nichts vom Volk. Glaubt ihm nicht, denn ihm fehlt der Glaube an sich, an den Menschen. Ich aber will, daß ihr den Glauben an den Menschen habt, ehe ihr marschiert.*[75] Friedrich schlägt den flinkzüngigen Demagogen aus dem Felde und hält das Volk in Atem; seine große Verkündigungsrede schließt mit dem Ruf zur Revolution:

Brüder recket zermarterte Hand,
Flammender freudiger Ton!
Schreite durch unser freies Land
Revolution! Revolution![76]

Die Uraufführung in dem neuen Experimentiertheater «Die Tribüne» in Berlin, wo Karl-Heinz Martin mit Tollers Erstling die expressionistische ‹Stilbühne› etablierte, fand bei der Theaterkritik vor allem wegen ihrer menschlichen Erschütterung Beifall.[77] Übrigens ging der Vorhang nicht über der Ausrufung des Umsturzes, sondern über dem hochsymbolischen Tableau der Kindgeburt nieder, das wohl als besonders bühnenwirksam erschien. Möglicherweise sollte aber auch die pointierte Nennung und feierliche Verherrlichung der Revolution – bei aller Abstraktheit eindeutig politisch gemeint – als sogar für Berlin allzu heikel vermieden werden. Denn ein Anachronismus war sie im Herbst 1919 noch nicht.

Vom 30. September 1919 datiert endgültig die Toller-Legende – und Fritz Kortners Ruhm, der als Friedrich zum erstenmal auf einer hauptstädtischen Bühne stand und mit dieser Rolle den Sprung aus der Provinz nach Berlin schaffte. Dem abwesenden Autor hatte das Premierenpublikum Ovationen gebracht – sie gingen wohl nicht zuletzt auf das Konto der romantischen Vorstellung eines im Kerker schmachtenden Dichterjünglings und Revolutionärs des Geistes und der Seele. Daß die «Erschütterung» nämlich «nicht von außen kam», daß die Zuschauer mit ihrem Begeisterungssturm «einem Künstler dankten, der ein ganzer Mensch ist», erfuhren sie am nächsten Morgen von Berlins Theaterpapst Alfred Kerr aus dessen Vorbericht im «Berliner Tageblatt». Er stellte damit hellsichtig von allem Anfang an klar, daß die Wirkung des Theaterautors Toller die eines Zeitgenossen war, der einen Nerv traf, der das von Unzähligen erwartete Wort der Stunde aussprach, aber nicht ein die Zeiten überdauernder Vollblutdramatiker war (folgerichtig wurde Kerr in späteren Jahren einer seiner unerbittlichsten fachlichen Kritiker). Den Einstand des «neuen Schlichtheitstheaters», sprich der expressionistischen Stilbühne, hielt Kerr wegen der «ungetrübten», einheitlichen Wirkung der «losen Szenen» für geglückt; von Friedrich heißt es vielsagend: «... so ruft hier ein edler Sohn unseres Sterns voll Güte, voll Kraft sein Urteil über das, was er vorfindet. Dieses Urteil wird ein Schrei.» In der Abendausgabe des «Tageblatts» bescheinigte Kerr dem neuen Stern am Regiehimmel «mit dem freundlichen Vornamen Karl-Heinz», für die «Andeutungsbühne» nicht mehr und nicht weniger als «eine Schlacht gewonnen» und «in der Theatergeschichte hier einen Schritt vorwärts getan» zu haben.

Tollers Revolutionsstück erhitzte die Gemüter selbstredend nicht bloß aus sachlich-fachlichen Gründen, vielmehr des impliziten politischen Gehaltes wegen. So bestritt in der stockkonservativen Berliner «Täglichen Rundschau» am selben Tage Karl Strecker dem Verfasser der *Wandlung* die Gabe der «Logik» und erblickte seine Stärke «in der Kühnheit und Größe seiner Vision, in der Leidenschaftlichkeit und Energie seines Wollens» – um ihn sodann als einen zu verunglimpfen, der sich in seinem politischen «Wahn» hinreißen lasse, «uns Deutschen unser Vaterland zu bespeien». Immerhin will dieser erste Gegner Tollers auf der Rechten den Dichter der *Wandlung* noch ernst nehmen und billigt ihm subjektive Ehrlichkeit seiner Überzeugung zu, aber er schließt mit dem Diktum, «daß der Bolschewismus – darauf läuft die Tendenz des Stückes schließlich hinaus – das unverkennbare Gegenteil einer ‹Wiedergeburt› ist». Was an dem im rein Geistig-Seelischen verbleibenden, im Vorhof realer Politik haltmachenden Stück Tollers vorbeigeht. Streckers ebenso wütender wie hilfloser Verriß kann als Matrize für die gesamte folgende, ausschließlich ideologische Kritik der rechten (und übrigens desgleichen der extrem linken) Theaterkritik gelten.

Neben Toller, Martin und Kortner gab noch ein Vierter sein Berliner Debüt an diesem denkwürdigen Theaterabend: Herbert Ihering, Kerrs progressiver Gegenspieler unter den Theaterauguren der Zwanziger – als Brecht-Promoter fand er späterhin freilich so wenig Gefallen mehr an Toller wie sein konservativer Rivale. Aber in seiner jubelnden langen Premierenkritik vom 2. Oktober 1919 im «Tag» ist, Kerr verdeutlichend, das Wesentliche der *Wandlung*, eines der Schlüsselwerke des dramatischen Expressionismus, enthalten: das Überwältigende des Menschlichen, welches Schwächen der Dramentechnik, mangelnde Individualisierung der Figuren und ein Übergewicht des Rhetorischen, Sprachrohrhaften zu überspielen vermag – jedenfalls solange die *Wandlung* Ausdruck einer Weltstunde ist. Gleiches gilt für die expressionistische Dramatik insgesamt und auch für Tollers nachexpressionistische Bühnenwerke, deren (wenigstens angebliche) Unaufführbarkeit in unseren Tagen auf ihren Charakter des (buchstäblichen) Zeit-Stückes zurückgeführt werden könnte.

Ihering schrieb:

«Für den reinsten Abend, den das Berliner Theater seit langem verschenken konnte, dankt man erschüttert einem Menschen ... Hier ist zum erstenmal wieder ein Dichter, der nichts anderes als ein Mensch ist. Dessen Künstlertum nichts anderes als Intensität des Persönlichen bedeutet.

...

Die Wandlung ist die Wandlung Ernst Tollers vom Kriegsfreiwilligen zum Revolutionär. Aber sie ist kein Rechtfertigungsdrama, das Handlungen vorbereiten und erklären soll. Sie ist keine Verteidigung und kein Angriff, kein Vorher und kein Nachher. Sie ist die Revolution des Menschlichen selbst, ohne Absicht und Tendenz. Sie ist innere Kraft, Gesetz und Notwendigkeit.

Dieses Drama bleibt Wirklichkeit, die in einen Menschen eingetreten ist. Sie ging durch Auge und Ohr und wurde Gefühl. Toller haßt nicht Menschen und Systeme. Nicht die zufälligen Äußerungen einer entarteten Welt. Ihn rütteln die Dämonen auf, die hinter den Erscheinungen stehen. Er ist nicht aktuell im Sinne der Stunde. Er ist aktuell im Sinne des Weltgeistes. Für das Grauen, das ihn umgibt, wird nicht nach Menschen gesucht, die es veranlaßt haben. Der Zeitwille selbst wird vor Gericht gezogen. Er wird verurteilt, indem die Ereignisse als seine Manifestationen erkannt werden. Er vernichtet sich selbst durch die Kraft, mit der er auf die Wandlung des Helden wirkt. Toller tötet den Krieg nicht dadurch, daß er ihn angreift, sondern dadurch, daß er ihn selbst zum Angreifer und damit zum Umstürzer, zum Umwandler macht. Sein Drama ist nicht das philiströse, kleinbürgerliche Spiel von Schuld und Sühne. Es ist das Schauspiel tragischer Notwendigkeiten: der Totentanz der Zeit. Und die Musik, die zu dem Gespensterreigen aufspielt, ist der Glaube an die Auferstehung.»

Zwar erzielte die Erstinszenierung 115 Aufführungen, aber im folgenden Halbjahrzehnt wagten sich im ganzen Reich lediglich fünf weitere Bühnen an Tollers Stück. Von einem Siegeszug über das deutschsprachige Theater kann also keine Rede sein. Ob Rücksichten der Theaterdirektoren – vor allem in der Provinz – auf eine großenteils konservativ-bürgerliche Klientel dafür ausschlaggebend waren oder ob der hohe Schwierigkeitsgrad einer Bühnenrealisierung abschreckend gewirkt hat, läßt sich heute nicht mehr ausmachen. Im Grunde war *Die Wandlung,* wie zutreffend bemerkt worden ist, schon im Oktober 1919 ein Jahr zu spät auf die Bretter, welche die Welt bedeuten sollen, gekommen. Sie war, nur scheinbar paradox, ungeachtet ihrer von Ihering hervorgehobenen nicht aktuellen, vielmehr zeitlos-allgemeinmenschlichen Botschaft ein Stück, das aus einem Weltaugenblick lebte, aus einem Kairos seine ganze Wirkungskraft bezog – und daher zwangsläufig in einer postrevolutionären Ära, welche – aus sehr gegensätzlichen Gründen – die Erinnerung an die gescheiterte Revolution verdrängte, überflüssig wurde. Damit nahm dieser dramatische Erstling das Schicksal des Theaterautors Toller vorweg, dessen Werke seit 1945 nur mehr erstaunlich selten auf deutschen Bühnen auftauchen.

Der «König von Südbayern»

«Der tapfere Toller forcht sich nit.»
Alfred Kerr (1919)

Tollers praktisch-politische Tätigkeit beschränkte sich auf fünf Monate (Dezember 1918 bis April 1919), sie stellt nicht mehr als eine Episode seines Lebens dar. Die Toller-Legende freilich erhob den Räterepublikaner zur ‹Symbolfigur› der gescheiterten deutschen Revolution. Das erwies sich als heikel für den Gefeierten. Der Dramatiker profitierte zwar davon – solange er im Kerker saß und seine Stücke ohne ihn Premiere hatten; aber gerade wegen dieses Sympathiebonus war die professionelle Theaterkritik später besonders streng mit ihm. Tollers Verächter auf der radikalen Linken und Rechten schlugen um so gehässiger auf ihn ein, je größer seine Reputation bei Gewerkschaften, sozialistischer Jugend und linksliberalen Intellektuellen war. Vor allem psychologisch erwies sich die Erhebung zur Kultfigur der Revolution als ein Danaergeschenk: die öffentliche Person Toller stand unter einem permanenten Erwartungsdruck, der Dramatiker unter einem – letztlich tödlichen – Erfolgszwang. Daß er umjubelt wurde, wo immer er sich nach seiner Strafverbüßung zeigte, verführte ihn zur Überschätzung seiner tatsächlichen politischen Bedeutung. Und schlimmer womöglich: Dieser geheime Druck, im Laufe der Jahre internalisiert, steigerte nicht bloß sein ohnehin ausgeprägtes Selbstwertgefühl, sondern weckte, paradoxerweise, zugleich tiefsitzende Zweifel an der Qualität seiner literarischen Produkte und an seinem zeitgeschichtlichen Stellenwert – bis in seine letzten Lebensmonate hinein.[78]

Wir müssen die ‹Symbolfigur› endlich auf ihr wahres Maß, ihre reale Kontur zurückführen. Die Toller-Legende, in den siebziger Jahren mit der Abwendung der Jugend von dogmatischen Positionen nochmals aufgeblüht, sollte begraben werden. Toller selber könnte allerdings der Vorwurf gemacht werden, nur zu bereitwilliger Nutznießer seines fragwürdigen Ruhms gewesen zu sein, sich nicht von seinem Märtyrer-Image energisch genug distanziert zu haben. Zu seinen Gunsten ließe sich entgegnen: Solidarität mit den Toten der Räterepublik hieß Treue zu dieser – und damit zu seiner Rolle in ihr. So sagte sich Toller – im Unterschied zu seinen Freunden Niekisch und Graf – nie in abschätziger Weise von dem unglückseligen Experiment los, trotz scharfer Kritik und Selbstkritik.

Ernst Toller. Ölgemälde, 1930

Eine Toller-Legende konnte selbstredend nur entstehen, weil ein geschichtlicher – auch literarhistorischer – Bedarf an ihr bestand. Die Sehnsucht nach dem Dichter, der aktiv in die Politik eingreift, das Verlangen nach dem ‹tätigen Geist›, der die schon von Hölderlin und Heine, zuletzt von Heinrich Mann beklagte Kluft zwischen ‹Geist› und ‹Tat›[79], Gedankenreichtum und Handlungsarmut schließt, sind Teil einer hundertjährigen Geistesgeschichte der Deutschen. Im Weltkriegsjahrzehnt schwoll dieses Verlangen nach dem ‹Geistigen› als ‹Täter›, ja ‹Führer› derart machtvoll an[80], daß die Räterepublik ihren Anhängern und späteren Bewunderern eine «Schriftstellerrepublik»[81], eingefleischten Verächtern dagegen eine Ausgeburt ‹Wahnmochings› (Schwabings) dünkte. Sie war beides gewiß nicht. Die Legende vom ‹aktivistischen› Dichter-Politiker Toller entstand auch erst, als mit der *Wandlung* das Drama eines überlebenden Führers jener Republik auf die Bühne kam. Der Autor saß, was die Phantasie beflügelte, mitten unter den verurteilten Teilnehmern – nach Entlassungen noch rund hundert – in der Festung. Tollers trotz aller Interventionen Jahr um Jahr fortdauernde Haft bewegte lebhaft die Gemüter, während die ermordeten bzw. nach Standgerichtsverfahren erschossenen Revolutionsführer – Rosa Luxemburg, Liebknecht, Eisner, Landauer, Leviné – mehr und mehr Erinnerung wurden.

Ermordungen, Hochverratsprozesse, drakonische Terrorurteile ließen den Anteil der hommes de lettres größer erscheinen, als er realiter gewesen ist. Als treibende geschichtliche Kraft wurden und werden sie noch immer überschätzt. Sie bildeten nicht Hirn und Herz der Räterepublik, waren nicht deren zentrale Entscheidungsinstanz. Sie riefen sie nicht ins Leben und trugen an ihrem Fiasko ungleich geringere Schuld, als es geistfeindliche ‹Völkische› wollten. Sogar Max Weber täuschte sich in diesem Punkt.[82] Nicht einen einzigen Tag hätte die Räterepublik bestanden, wäre sie lediglich der ‹Ranküne› einer Handvoll ‹landfremder›, obendrein jüdischer Literaten entsprungen. Vielmehr entsprach sie dem Willen zur Umwälzung der gesellschaftlichen Verhältnisse, wie er zumindest in Teilen des städtischen und ländlichen Proletariats sowie der Armee lebte. Sie war Ausdruck eines zweifellos vorhandenen, allerdings – gemessen an der Bevölkerung Bayerns, ja selbst Münchens – relativ bescheidenen revolutionären Potentials. Sie war also nicht eine leichtsinnige, willkürliche Veranstaltung volksferner, ‹freischwebender› Intellektueller, wie Kommunisten und Reaktionäre einträchtig behaupteten. Tollers späteres Urteil dürfte die historische Wahrheit treffen: die Räterepublik war *ein tollkühner Handstreich verzweifelter Arbeitermassen, die verlorene deutsche Revolution zu retten*[83]. In den Versammlungen der Räte und Betriebsobleute mußten Parteivertreter wie Toller und Leviné jedesmal aufs Neue um Zustimmung für ihre Maßnahmen werben; diese Zusammenkünfte waren das eigentliche Willenszentrum und keine Akklamationsmaschine. Weder Toller noch Leviné konnten sich dieser Gremien jeweils sicher sein. Und nicht einmal der Endkampf, in Arbeitergegenden Haus um Haus geführt, fand auf Beschluß der kommunistischen Militärspitze statt.[84] Unter den Volksbeauftragten – vergleichbar Ministern – befand sich ein einziger ‹Geistiger›, Landauer, zuständig für das (seinerzeit unwichtige) Ressort Volksaufklärung, das heißt Schule und Universität; man hatte den belanglosen Posten dem verehrten, fast als weltlichen Heiligen geltenden Anarchisten zudem nur unter Bedenken anvertraut. Mühsams Kandidatur als Volksbeauftragter für Auswärtiges kam nicht durch, sie scheiterte am Einspruch seines Freundes Landauer. Toller

Erich Mühsam

schlug, eigenem Zeugnis zufolge, dreimal das Angebot, Volksbeauftragter zu werden, aus. Und die Schriftsteller, die sich zum Gedanken einer Räterepublik bekannten – von Heinrich Mann bis Ricarda Huch – blieben passive Sympathisanten.

Der Student Toller war Mitte November 1918, nach Ausrufung des ‹Volksstaates› Bayern, von Berlin nach München gekommen. Angeblich hatte Eisner, der neue Ministerpräsident, ihn aufgefordert, am Aufbau des jungen Staatsgebildes mitzuarbeiten (eine typische Stilisierung Tollers). Von seinen Rednerauftritten im Munitionsarbeiterstreik noch bekannt, wurde er Mitglied des Revolutionsausschusses des Landesarbeiterrates und kam so in den provisorischen Nationalrat, der 256 Köpfe zählte. Man wählte ihn bald zum 2. Vorsitzenden des Vollzugsrates der bayerischen Arbeiter-, Bauern- und Soldatenräte. Als Kandidat der ‹Unabhängigen› bei den Landtagswahlen am 12. Januar 1919 fiel er durch – von 180 Mandaten errang die Partei des Ministerpräsidenten ganze drei. Im Februar vertrat Toller den Vollzugsrat auf dem Kongreß der II. Sozialistischen Internationale in Bern, auf der Rückreise erfuhr er das tödliche Attentat des jungen Grafen Arco-Valley auf Kurt Eisner, seine politische Leitgestalt.[85] Dieser Mord wirkte radikalisierend, ja er dürfte den Ausschlag gegeben haben, daß sechs Wochen später (6./7. April) eine bayerische Räterepublik ausgerufen wurde – vom Revolutionären Zentralrat, ohne Tollers Beteiligung. Im März war dieser im Vorsitz der USP Niekisch gefolgt; nun übernahm er zudem dessen Amt als 1. Vorsitzender des Zentralrates, da Niekisch die Aussichtslosigkeit des Unternehmens Räterepublik sofort erkannt und resigniert hatte. Dieses Gremium, dem der 25 Jahre alte Toller plötzlich vorstand, übte seit Eisners Ermordung praktisch die oberste legislative Gewalt im Lande aus. Toller unterschrieb eine Reihe von Erlassen[86], die rechtsschöpferischen Charakter trugen. So wurden Revolutionsgerichte eingesetzt, die von ihrer Macht jedoch so milden Gebrauch machten, wie es sich der Gewaltverächter und spätere Justizkritiker Toller nur wünschen konnte (kein einziges Todesurteil); sogar die Rachejustiz der Konterrevolution fand, trotz gewiß akribischer Nachprüfung, an ihren Urteilen nichts auszusetzen. Auf diese mehr oder weniger formale Funktion eines obersten Signatars, die zuvor der Wittelsbacher Ludwig III. innehatte, spielte wohl Leviné an, als er beim Sturz der ersten Räteregierung durch die Kommunisten Tollers Festnahme mit dem spöttisch-frohlockenden Ausruf begleitete: «Jetzt haben wir den König von Südbayern.»[87]

Daß sich Toller in das Abenteuer der Räterepublik, diesen in der damaligen Situation ganz unrealistischen Umsturzversuch, mit allen Kräften

Ernst Niekisch

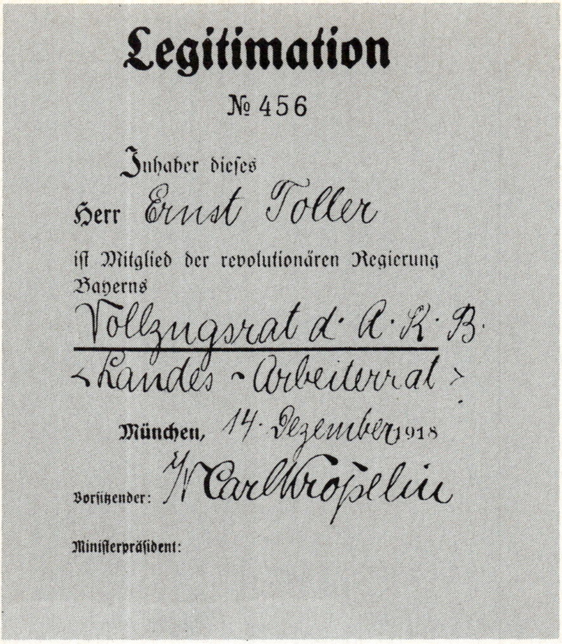
Legitimation

№ 456

Inhaber dieses

Herr Ernst Toller

ist Mitglied der revolutionären Regierung Bayerns

Vollzugsrat d. A. R. B.
<Landes-Arbeiterrat>

München, 14. Dezember 1918

Vorsitzender: i. V. Carl Kröpelin

Ministerpräsident:

warf, läßt sich aus seiner spontanen, impulsiven Natur erklären, einer Emotionalität, die in Augenblicken alle Barrieren des Urteilsvermögens niederzureißen vermochte. Das kindlich-naive Element, von Else Lasker-Schüler richtig erkannt, hob ihn – nicht zum ersten- und nicht zum letztenmal – euphorisch empor. Hinzu kam sein Betätigungsdrang, dieser ganz private ‹Aktivismus› Tollers, gespeist von Ehrgeiz, Sucht nach Bedeutung und Aufstieg. Doch darf darüber sein Bedürfnis nach Identifizierung mit der Arbeiterschaft, die er Not und Unrecht leiden sah, nicht vergessen werden. Toller will bald gewußt haben: *Diese Räterepublik war ein Fehler, Fehler muß man eingestehen und ausmerzen.*[88] Doch er blieb aus Loyalität auch dann noch auf seinem Posten, als er der – innerlich zudem zerrissenen – Räterepublik keine Erfolgsaussichten mehr einräumte. Er begriff zu spät die inneren Machtverhältnisse Bayerns, eines stockkatholischen, unterindustrialisierten Landes, dessen Arbeiterschaft, teilweise aus dem Reich umgesiedelt (die Krupp-Arbeiter Münchens), zahlenmäßig weit hinter den bürgerlichen und bäuerlichen Schichten zurücklag. Zu spät wurde ihm auch die politische Lage im Reich bewußt. Da Berlin die nach Bamberg geflüchtete Landtagsregierung des Sozialdemokraten Hoffmann mit Truppen unterstützte, rechnete Toller mit einem baldigen schreckensvollen Ende. Er zog sich sogar dann nicht zurück, als seine geschworenen Gegner am 13. April die Macht an sich rissen und eine zweite, rein kommunistische Regierung installierten; er schloß sich nach diesem Putsch dem Rücktritt Landauers nicht an. Dabei hätte er allen Grund dazu gehabt: Leviné, sein klügster und entschiedenster Gegner, suchte ihn, wie nach dem ersten, mißglückten kommunistischen Putschversuch, zu verhaften, unschädlich zu machen.

Toller zog die ihm verhaßte Uniform wieder an, was Leviné hämisch als klugen Schachzug kommentierte.[89] Ende April begab er sich an die Dachauer Front im Nordwesten Münchens. ‹Roter General› und ‹Heerführer›, wie es meist übertreibend heißt, war er nur in den bescheidenen Dimensionen eines Abschnittskommandeurs, unter dem nie mehr als 2000 Mann kämpften. Lakonisch, mit Selbstironie schilderte er später seine plebiszitäre Wahl.[90] Dem Prinzip der Gewaltlosigkeit, das er jetzt aufzugeben gezwungen war[91], suchte er durch möglichst unblutige Kampfführung nahezukommen. Erfolgreich verzichtete er auf den Einsatz von Artillerie, dieser ihm bestens bekannten Waffe. Einen Befehl des kommunistischen Kriegskommissars Egelhofer, eines ehemaligen Matrosen, Dachau zu beschießen und dann zu stürmen, führte er nicht aus, weil sich in Dachau eine Pulverfabrik befand und die Bauern auf seiten der

Kampf ums Sendlinger Tor. Farbholzschnitt von L. Chr. Heß 1919

Eugen Leviné

Räterepublik standen. Den zweiten Bestandteil der offiziellen kommunistischen Verratslegende bildete sein Rückzugsultimatum an die Weißen in Dachau. Beim ‹Sieger von Dachau›, der sich nicht als solcher empfand, traf ein Befehl Egelhofers ein, fünf gefangene Offiziere vor ein Standgericht zu stellen und zu erschießen: *Ich zerreiße den Befehl, Großmut gegenüber dem besiegten Gegner ist die Tugend der Revolution, glaube ich.*[92] Daß er Blutvergießen vermied, wo immer er konnte, wurde ihm in seinem Prozeß bescheinigt und führte wohl nicht zuletzt zur Zubilligung ehrenhafter Motive, woraus sich die relativ milde Haftstrafe ergab.

Der ungerechte, Toller tief verletzende Verratsvorwurf der Kommunisten, mit dem in den zwanziger Jahren der Sozialist ohne Parteibuch getroffen und diffamiert werden sollte, stützt sich ferner (drittens) auf Tollers Eintreten für Verhandlungen mit Hoffmann, um ein Massaker zu vermeiden. Toller plädierte für einen friedlichen Kompromiß mit der Landtagsregierung, um zu retten, was sich noch retten ließ (eine massive Illusion, da die Gegenseite nicht einen Kompromißfrieden, sondern Kapitulation wollte und nach Rache lechzte). München war durch weit überlegene Truppen eingeschlossen – hunderttausend gegen wenige tausend Mann –, die militärische Ausrüstung war höchst ungleich, die belagerte Stadt wäre selbst im Falle eines Standhaltens bald ausgehungert worden.[93] Als sich Toller bei den Kommunisten nicht durchsetzen konnte, trat er unter Protest von seinem Kommandeursposten zurück[94], was ihm als feige Flucht aus der Verantwortung, Desertion ausgelegt wurde. Die Leviné–Levien-Gruppe wollte, wohl nach dem Vorbild der Pariser Commune, die ‹proletarische Ehre› in einem heroischen Showdown retten: *Auch die Kommunisten wissen, daß unsere Lage unhaltbar ist, aber sie dringen auf militärische Entscheidung, jede Verhandlung mit der Bamberger Regierung sei Verrat, sie erhoffen von der Niederlage mächtige revolutionäre Antriebe, sie glauben, durch die Niederlage werde das Proletariat reifer und aktiver.*[95] Als sich seine Hoffnung, *das schreckliche Blutbad werde vermieden*[96], nicht erfüllte, wollte Toller als Gemeiner nach Dachau zurück, um bei den Resten seiner Truppe – nur wenige hundert Mann noch – das Ende zu erleben. Doch Dachau war bereits abgeschnitten. Daß er am 1./2. Mai nicht im Zentrum mitkämpfte, kreiden ihm kommunistische Historiker als (fünftes) Verratsmoment an; nun, auch Leviné tauchte kampflos unter, was – zweierlei Maß! – mit einem Parteibefehl sanktioniert wird – der wertvolle Führer sollte der Partei erhalten bleiben. Als der Zusammenbruch nahe war, brachte eine Frau den rettenden Paß: *... ich solle fliehen, ich zerreiße den Paß.*[97]

Nichts lag ihm späterhin daran, den einstigen Räterepublikaner Toller von Irrtümern und Fehlern reinzuwaschen: *Wir sind gescheitert, alle. Alle begingen Fehler, alle trifft Schuld, alle waren unzulänglich. Die Kommunisten ebenso wie die Unabhängigen. Unser Einsatz war vergebens, das Opfer nutzlos, die Arbeiter vertrauten uns, wie können wir uns jetzt vor ihnen verantworten?* [98] Dieses Eingeständnis ist unendlich nobler als die verbissene Rechthaberei der KPD.[99] Wahrscheinlich soll der schäbige Rufmord an Toller sowie die absurde Unterscheidung zwischen schlechter, nichtkommunistischer ‹Scheinräterepublik› und guter, kommunistischer zweiter Räteregierung von den verhängnisvollen Fehlentscheidungen und makaber-unmenschlichen Motiven der Leviné und Levien ablenken.

Während der ersten, kritischen Wochen nach der unsagbar brutalen Liquidation der Räterepublik durch Reichstruppen und Freikorps hielt sich Toller in wechselnden Quartieren verborgen. Aufgestöbert wurde er nach intensiver Jagd am 4. Juni in Schwabing, in dem hübschen, von einem parkähnlichen Garten umgebenen Suresnes-Schlößchen (heute

Das Suresnes-Schlößchen in der Wernecksttraße in Schwabing

Werneckstr. 24), wo er bei dem ein Jahr älteren Schriftsteller und Maler Johannes Reichel[100] und dessen Frau Unterschlupf gefunden hatte. Dem österreichischen Exleutnant und Studenten Julius De Franzesko erkannte das Staatsministerium des Innern am 24. Juni den Löwenanteil der Fangprämie von 10000 Mark zu (sie wurde auf 21 Personen verteilt).[101] Daß man den most wanted man mit rotgefärbten Haaren hinter einer Tapetentür fand, gab den Siegern zu weidlichem Hohn Anlaß. Im Gerichtsgefängnis (Neudeck 10) schloß ein Schmied der ‹roten Bestie› eine Eisenkette an Arm und Fuß. Das Münchner Strafvollstreckungsgefängnis (Stadelheimerstr. 12), Schauplatz des bestialischen Mordes an Landauer, beherbergte ihn bis zu seiner Verlegung in die provisorische Festungshaftanstalt Eichstätt Ende September. Toller entging in Stadelheim nur knapp – dank einem jungen und einem älteren Wärter – dem Mordkomplott sechs mutmaßlicher Studenten oder Offiziere, die sich als Mannschaftsgrade verkleidet hatten; der Vorfall, von Toller gemeldet, wurde vertuscht. Beim Hofgang lief er wieder und wieder an der berüchtigten Erschießungsmauer[102] entlang; ihr ist das schönste von 22 Sonetten des «Jüngsten Tag»-Bandes *Gedichte der Gefangenen* (1921) gewidmet:

Die Mauer der Erschossenen
Pietà Stadelheim 1919

Wie aus dem Leib des heiligen Sebastian,
Dem tausend Pfeile tausend Wunden schlugen,
So Wunden brachen aus Gestein und Fugen,
Seit in den Sand ihr Blut verlöschend rann.

Vor Schrei und Aufschrei krümmte sich die Wand,
Vor Weibern, die mit angeschoßnen Knien «Herzschuß!» flehten,
Vor Männern, die getroffen sich wie Kreisel drehten,
Vor Knaben, die um Gnade weinten mit zerbrochner Hand.

Da solches Morden raste durch die Tage,
Da Erde wurde zu bespienem Schoß,
Da trunkenes Gelächter kollerte von Bajonetten,

Da Gott sich blendete und arm ward, nackt und bloß,
Sah man die schmerzensreiche Wand in großer Klage
Die toten Menschenleiber an ihr steinern Herze betten.[103]

Tollers Versteck im Suresnes-Schlößchen

Das Gefängnis Stadelheim

In Isolierhaft wartete Toller auf seinen Prozeß, einen der Hinrichtung harrenden Raubmörder zur einen, einen Lebenslänglichen zur anderen Seite. Am 14. Juni 1919 stand er im Amtsgericht Maria-Hilf-Platz 17a vor dem Standgericht beim Landgericht I, zwei Tage später war er zu fünf Jahren Festung verurteilt. Stefan Großmann zitiert in seiner Broschüre «Der Hochverräter Ernst Toller» (1919) Nestroy: «'s is ein schwerer Stand vor Standrichtern, wenn auch ihr Urteil nicht standhält.»[104]

Gewalt und Gerechtigkeit

Seit seiner geistig-politischen Bewußtwerdung im Weltkrieg quälte Toller das Gewaltproblem. Den Krieg erlebte er als gigantischen Ausbruch von Gewalt, als einen Gewaltrausch. Durch Landauer lernte er, über den aktuellen Pazifismus hinaus, die Theorie der Herrschaftslosigkeit, der anarchia kennen, ein positives Prinzip menschlichen Miteinanders. Herrschaft von Menschen über Menschen ist schon deshalb verwerflich, weil sie ohne Gewaltübung nicht auskommt. Wie Krieg, Gewalt und Haß, so gehören Friede, Gewaltlosigkeit und Liebe für die expressionistische Generation zusammen. Doch die Überzeugung, jede Gewalt sei böse, und der im April 1919 in ihm erwachte Zweifel, ob Gewalt sich stets vermeiden lasse, ihre Anwendung in gewissen Lagen nicht sogar geboten sei, stießen zusammen und stürzten Toller in äußere wie innere Konflikte. Daß der Verfasser der *Wandlung* vor Kriegsende an die Möglichkeit friedlicher Beseitigung der schlechten alten Welt geglaubt hatte, legt das apotheotische Schlußbild seines Schauspiels nahe. Daß dessen Botschaft nicht nur ‹schöne Literatur› sein, sondern praktische Gültigkeit besitzen sollte, bezeugt eine Mitteilung von Tilla Durieux: «Wie erstaunte ich, als Toller mich an einem Tag in Uniform mit roter Binde aufsuchte. Die feindlichen Truppen waren allerdings schon in bedenklicher Nähe der Stadt. ‹Toller›, sagte ich, ‹Sie sind doch Pazifist.› – ‹Wir werden auch nicht schießen›, entgegnete er, ‹wir werden die feindlichen Soldaten fangen, ihnen die Waffen wegnehmen, sie mit unseren Ideen bekannt machen und daraufhin wieder zurücksenden.› – ‹Sie armer Idealist›, sagte ich, ‹wenn aber die Weiße Garde (so nannte man die Belagerer) schießt?›»[105]

In seiner späteren Darstellung der Münchner Ereignisse rang sich Toller zur Bejahung von Gewalt zumindest bei Notwehr durch:

Vor einem Jahr, als man mich beim Streik verhaftete, weigerte ich mich, die Uniform anzuziehen und Waffen zu tragen. Ich haßte die Gewalt und hatte mir geschworen, Gewalt eher zu leiden als zu tun. Durfte ich jetzt, da die Revolution angegriffen war, diesen Schwur brechen? Ich mußte es tun. Die Arbeiter hatten mir Vertrauen geschenkt, hatten mir Führung und Verantwortung übertragen. Täuschte ich nicht ihr Vertrauen, wenn ich mich jetzt weigerte, sie zu verteidigen, oder gar sie aufrief, der Gewalt zu entsagen? Ich hätte die Möglichkeit blutiger Folgen vorher bedenken müssen und kein Amt annehmen dürfen.

Wer heute auf der Ebene der Politik, im Miteinander ökonomischer und menschlicher Interessen, kämpfen will, muß klar wissen, daß Gesetz und Folgen seines Kampfes von anderen Mächten bestimmt werden als seinen guten Absichten, daß ihm oft Art der Wehr und Gegenwehr aufgezwungen werden, die er als tragisch empfinden muß, an denen er, im tiefen Sinn des Wortes, verbluten kann.[106]

Vor dem Standgericht gab Toller die Maxime ‹Gewalt um keinen Preis› auf und schloß ihren Gebrauch bei der Veränderung ungerechter sozialer Verhältnisse nicht mehr aus: *Ich würde mich nicht Revolutionär nennen, wenn ich sagte, niemals kann es für mich in Frage kommen, bestehende Zustände mit Gewalt zu ändern. Wir Revolutionäre anerkennen das Recht zur Revolution, wenn wir einsehen, daß Zustände nach ihren Gesamtbedingungen nicht mehr zu ertragen, daß sie erstarrt sind. Dann haben wir das Recht, sie umzustürzen.*[107] Die Problematik ist bis auf den heutigen Tag hochaktuell geblieben. Nicht daß Toller, wie die Kommunisten, das Gewaltproblem bagatellisierte – die Gewalt blieb für ihn eine Gorgo, vor der er zurückschauderte: *Die unfaßbare Gewalt, die zu dem einen furchtbaren Weg führt. Könnte ich nur wie früher an Neugeburt, an reineres Werden glauben*, schrieb er 1920 in einem Brief, der schlimmste Ahnungen über das Schicksal Europas in den nächsten Jahrzehnten enthält.[108] Der Widerspruch zwischen der moralischen Idee des Einzel-Ichs und dem politischen Handeln sozialer Gruppen ist unaufhebbar und damit tragisch.[109] Toller formte ihn in seinem zweiten Drama, *Masse–Mensch*, das die Tragödie eines Einzel-Ichs ist. Das im Oktober 1919 in Eichstätt während weniger Tage niedergeschriebene *Stück aus der sozialen Revolution des 20. Jahrhunderts*[110] war für ihn Befreiung von seelischer Not, nämlich vom April 1919, wie er Theodor Lessing wissen ließ.[111] Von allen Bühnenwerken Tollers ist dieses am stärksten Ideendrama. Seine Akteure sind Ideenträger. *Masse–Mensch* ist nicht mehr einpoliges Verkündigungsdrama, es lebt aus dem Ringen zweier Gestalten, die konträre Prinzipien vertreten: *Die Frau* (Sonja Irene L.) das der Gewaltlosigkeit, *Der Namenlose* das der Gewalt. Sie brachten den Streit in des Autors eigener Brust auf die Bühne. Dennoch gab es Modelle für sie: *Die Frau* ist ein Epitaph auf Sarah Sonja Lersch[112], mit dem *Namenlosen* war Eugen Leviné gemeint. Dieser unbeirrbare Kommunist wird als Inkarnation des Massengeistes gedeutet und bleibt ehern derselbe. Hingegen durchläuft *Die Frau* mehrere Entwicklungsphasen: Im 3. Bild ruft sie die Arbeiter zu friedlichem Streik auf, weil sie optimistisch von einem Sieg trotz Gewaltverzicht überzeugt ist:

Wir Schwachen werden Felsen sein der Stärke,
Gewaltlos werden wir die Ketten sprengen,
Und keine Waffe ist gebaut, die uns besiegen könnte.[113]

Der Namenlose vertritt das Gegenteil, er redet der Masse ein, daß sie nur Waffen brauche, er putscht sie auf, das Stadthaus zu stürmen, um sich zu bewaffnen:

Toller im Gefängnishof von Niederschönenfeld (kommerzielle Fotografie)

Szenenbild aus «Masse–Mensch»: Der Namenlose und die Frau. Aus einer Aufführung der Berliner Volksbühne, 1921; Regie: Jürgen Fehling

Ich rufe: Krieg!
Ich rufe: Revolution!
Der Feind dort oben hört
Auf schöne Reden nicht.
Macht gegen Macht!
Gewalt . . . Gewalt![114]

Auch der erklärte Realist hängt allerdings einer Illusion an, nämlich der Utopie eines letzten Gefechts:

> *Bedenken Sie: ein einzger blutiger Kampf*
> *Und ewig Frieden.*
> ...
> *Bedenken Sie: aufhört das Elend!*
> *Bedenken Sie: Verbrechen werden Märchen,*
> *An Morgenhorizonten leuchtet Freiheit aller Völker!*[115]

Diese Perspektive verführt seine Kontrahentin, *Gefühl* und *Gewissen* zu dispensieren – sie erkennt die Gleichsetzung von *Masse* und *Recht* an, läßt die Arbeiter zur heiß gewünschten revolutionären *Tat* aufbrechen. Doch nach der blutigen Revolutionsnacht regt sich sofort wieder das eingeschläferte Gewissen der Frau (5. Bild): *Genosse, im Letzten überwind ichs nicht. / Kampf mit Eisenwaffen vergewaltigt.*[116] Mächtig und unwiderstehlich bricht ihr Gewissen durch, als sie sich nach Niederschlagung des Umsturzversuchs in den Händen der Reaktion befindet (7. Bild). Sie lehnt die ihr vom *Namenlosen* angebotene Flucht ab, weil sie sich nur durch Gewalt gegen den Wärter bewerkstelligen ließe (eine Versuchung, der Toller selber ausgesetzt war). *Der Namenlose* würde den Wärter töten, da er zwischen schlechten *Staatsmenschen* und guten *Massenmenschen* unterscheidet, während für *Die Frau*, die auf ihre Befreiung verzichtet, Mensch gleich Mensch ist. *Der Namenlose* vergötzt die Masse, mythisiert sie, während *Die Frau* in ihr ein Produkt der Gewalt, depraviertes Volk sieht.[117] Polare Denkhaltungen prallen aufeinander, wobei realistische und idealistische, rationale und irrationale Positionen plötzlich vertauscht erscheinen. Wahre Tat besteht für *Die Frau* darin, den in der Masse enthaltenen, in ihr quasi verpuppten Menschen herauszulösen – *Gemeinschaft in Masse befreien.* Sie entlarvt den *Namenlosen*:

> *Du bist nicht Befreiung,*
> *Du bist nicht Erlösung.*
> *Doch weiß ich, wer du bist.*
> *«Schlägst nieder!» Immer schlägst du nieder!*
> *Dein Vater der hieß: Krieg.*
> *Du bist sein Bastard.*
> *Du armer neuer Henkermarschall,*
> *Dein einzger Heilweg: «Tod!» und «Rottet aus!»*
> *Wirf ab den Mantel hoher Worte,*
> *Er wird papierenes Gespinst.*[118]

Für Sonja, die zu ihrer ursprünglichen Haltung eines strikten Nein zu jeglicher Gewalt zurückkehrt, bleibt Mord Mord, egal in wessen Namen er begangen wird.[119] Sie nimmt den Opfertod auf sich und läßt sich zur Exekution abführen. Es existiert für sie nichts, und schon gar nicht eine

«Masse–Mensch»: Die Revolutionärin wird zur Exekution abgeholt. Berliner Volksbühne 1921; Regie: Jürgen Fehling

Lehre, Theorie, Ideologie, um deretwillen Mord – äußerste Gewaltanwendung! – erlaubt wäre. Wenn Sonja Irene L. auch die Liste der personae dramatis anführt und Autor Toller von ihrem Schicksal besonders angerührt scheint, ist dennoch fraglich, ob er sich mit ihr identifiziert und den *Namenlosen* verdammt. Toller führte zwei menschliche Typen und ihre inkompatiblen Standpunkte vor: den Politiker, Revolutionär und den ethischen Menschen, die anima naturaliter christiana, den Dichter. Deren Unvereinbarkeit sollte in Tollers letztem Drama, *Pastor Hall* (entstanden 1938/39), nochmals Thema werden. Das große Gespräch im Mittelakt zwischen dem evangelischen Theologen und dem unbeugsamen kommunistischen Arbeiter Peter Hofer bildet das geistige Zentrum des Werkes; im Unterschied zu *Masse – Mensch* findet hier jedoch ein Vorgang der Annäherung statt, und beide Gestalten sterben unter den Händen der Nazischergen den Märtyrertod, jeder für seinen Gott.

Tollers Entsetzen vor der Gewalt als dem größten aller sozialen Übel entsprach seine Leidenschaft für die Gerechtigkeit. Gewalt liegt jedem gesellschaftlich bedingten Unrecht, jeder Rechtlosigkeit zugrunde, Gewalt übt der ungerechte Staat, etwa durch seine Justizorgane. Das äußerste Negativum – Gewalt – und der höchste positive Wert – Gerechtigkeit – korrespondieren in Tollers Leben und Werk, bilden deren geheime Pole, letzte Fixpunkte. Sensibilität für soziales, rassisches, religiöses Unrecht, ökonomische und ideologische Ungerechtigkeit besaß nach Urerlebnissen schon das Kind in Samotschin, sie blieb zeitlebens ein hervorstechender Wesenszug Ernst Tollers. Es wog dabei gleich, ob Unrecht in unmittelbarer Nähe geschieht (die Heimarbeiter des Erzgebirges[120]) oder in fernsten Ländern (Kinderarbeit in Hongkong[121]), ob Gesinnungsfreunden oder politischen Antipoden wie den Kommunisten Max Hölz[122] und Johannes R. Becher. Unrecht, an Einzelnen begangen, erregte ihn nicht minder denn Ungerechtigkeit gegenüber Abermillionen, etwa Kolonialvölkern.[123] Toller litt darum nicht an einer ‹überwertigen Idee› von Gerechtigkeit, wie seine antisemitisch-nationalistischen Erzfeinde weismachen wollten. Er war kein Michael Kohlhaas, aber er verstand die Figur Kleists und zitierte sie.[124] Der Häftling Nr. 44 war kein pathologischer Querulant, vielmehr einer, der fünf Jahre hindurch sich sein früherprobtes Rechtsgefühl zu bewahren trachtete, wozu er seine ganze psychische Energie mobilisieren mußte. Kein Wunder, daß er nach der Entlassung öffentlich gegen eine eindeutig politische Klassenjustiz und einen sadistisch gefärbten Strafvollzug zu Felde zog. Im übrigen war der engagierte Justizkritiker Toller kein Einzelgänger – die Justiz der Republik trieb nicht bloß direkt Betroffene zu lautem Protest.[125] Justizschelte bildete berechtigterweise ein ständiges Thema deutscher Publizistik, der Litera-

«Masse–Mensch»: Die Börsenszene. Uraufführung Stadttheater Nürnberg, 1920

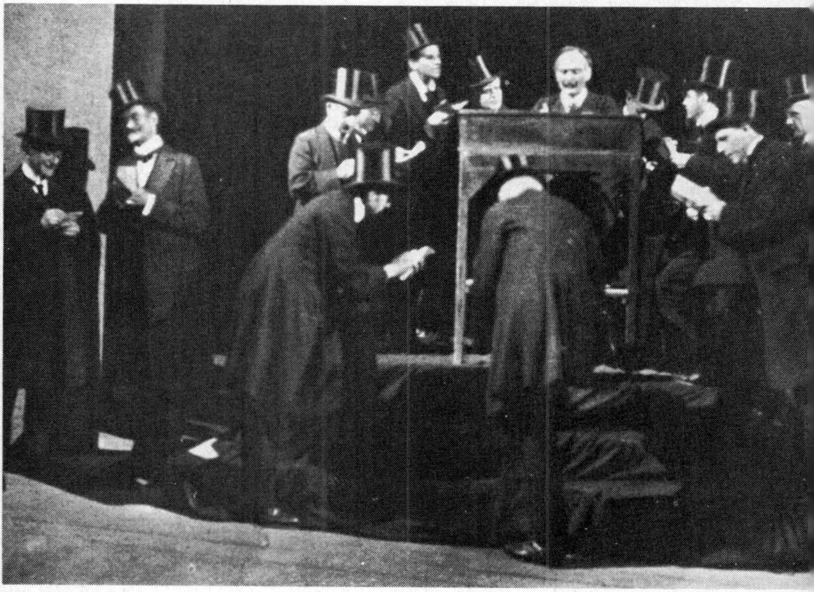

tur und des Theaters der zwanziger Jahre; die Phalanx kritischer Autoren stammte allerdings ausschließlich aus dem liberalen und linken Lager.

Ende 1924 veröffentlichte Toller in zehn Heften der «Weltbühne» *Dokumente bayerischer Justiz*[126]. Diese Streiflichter aus dem Alltag des politischen Strafvollzugs gingen in sein Buch *Justiz. Erlebnisse* (1927) ein, das eigene Hafterfahrungen, Erlebnisberichte anderer Häftlinge und Faktenmaterial (unter anderem eine Statistik der in Niederschönenfeld verhängten Disziplinarstrafen) vereinte. Die trockene Dokumentation war in der Sache eine einzige Anklage. Tucholsky reagierte auf Tollers von schriller Polemik und Gefühlsausbrüchen gänzlich freie Sammlung mit dem Aufsatz «Der Rechtsstaat»[127], der eher zurückhaltende Thomas Mann meldete sich mit einem langen «Brief an Ernst Toller» im «Berliner Tageblatt» zu Wort. Mann stellte sich ostentativ, vielleicht in schützender Absicht, an die Seite dessen, der erneut den Haß der Rechten auf sich geladen hatte, indem er furchtlos staatliches Unrecht und persönliche Schuld pseudorepublikanischer Beamter entlarvte: «Ihr ‹Justizbuch› ist gekommen, und ich habe es mit furchtbarem Eindruck gelesen. Sie haben erfahren, was es heißt, in die Hände der Menschen zu fallen und in die einer

Kurt Tucholsky *Thomas Mann*

selbstvergessenen und politisch wuterkrankten Gerechtigkeit! Wenn die Bürgerwelt zugrunde geht, so darum, weil sie die Ideen verhöhnt und verleugnet, die sie geistig konstituiert haben. Welch ein abscheulicher Mißbrauch zu Rachezwecken ist getrieben worden mit dem Begriff des ‹Hochverrats›, der praktikabel sein mag in Tagen eines klaren, eindeutigen und legitimen Staatslebens, aber jeden Rechtssinn verliert in Zeiten wie 1919! Welch ein Unsinn, daß seit acht Jahren Menschen unter der Fuchtel von Zuchthauswärtern stöhnen und verkommen für politische Handlungen, die durch den Umsturz aller Dinge, die völlige Deroute und Herrenlosigkeit des Staates gezeitigt wurden und zu denen die Zeit, in die hinein diese Menschen ihre Ketten schleppen, gar keine Beziehung mehr hat! Welch widerwärtiges Auf-Eis-Konservieren einer Rachsucht, die heute nicht einmal mehr lebendig empfunden werden kann!»[128]

In den letzten Jahren der Republik übte der Dramatiker Toller nochmals Justizkritik mit *Feuer aus den Kesseln* (1930) und *Die blinde Göttin* (1932). In dem *Historischen Schauspiel* griff er den Köbis–Reichpietsch-

Prozeß auf, der die erste, fehlgeschlagene Marinerevolte im Nordseekriegshafen Wilhelmshaven ahnden sollte. Die Matrosen Albin Köbis und Max Reichpietsch waren am 5. September 1917 auf dem Schießplatz Wahn bei Köln exekutiert worden, insgeheim und fern dem Ort ihrer angeblichen Verbrechen, ein Zeugnis der Unsicherheit und Furcht der Militärbehörden. Das der Buchausgabe beigegebene reiche Dokumentenmaterial fand besonderes Interesse. Den Anstoß zu diesem Historiendrama aus einer Vergangenheit, die nur ein Dutzend Jahre zurücklag, gab Tollers Verlangen nach Gerechtigkeit: er wollte die Rehabilitierung der Erschossenen erreichen. Ein Untersuchungsausschuß des Reichstags hatte 1928 eine Entschließung angenommen, mit der, wie Toller mutmaßte, die Akten über diesen Prozeß, der die Qualität eines Militärjustizskandals hatte, geschlossen werden sollten; die Abgeordneten wollten lediglich die Historikerfrage ‹Marine und Zusammenbruch› klären, den Prozeß jedoch auf sich beruhen lassen. Solches Ignorieren der Opfer einer barbarischen Militärjustiz empörte Toller. So läßt er in der Eingangsszene, die 1926 im Reichstag spielt, einen als Sachverständigen geladenen Oberheizer der «Helgoland» über *diesen unseligen Prozeß* äußern: *Ich habe mir immer gesagt: wenn es noch Gerechtigkeit auf Erden gibt, muß diesen Leuten, die, soweit ich sie kenne, aus Vaterlandsliebe handelten, ihr Recht werden. Wir genossen die Früchte des Opfers.*[129] Das expressionistische Opfermotiv, schon in *Masse – Mensch* und *Die Maschinenstürmer* verwendet, verschmolz Toller hier mit den Themen Revolution und Justiz.

In dem Fünfakter *Die blinde Göttin* griff Toller hingegen einen unpolitischen Giftmordprozeß aus der Schweiz auf.[130] (Er mag vom Fall des angeblichen Gattenmörders und seiner Geliebten durch den als Buch erschienenen Revisionsantrag des Verteidigers erfahren haben.) Toller besichtigte das Zuchthaus für Schwerverbrecher Thorberg, wo der Arzt Dr. Max Riedel fünf Jahre eingekerkert war, und lernte dort eine «das Gatter» genannte *Folter* kennen, die er als *Barbarei* anprangerte: ... *eine der fürchterlichsten Strafen ... die Europa kennt.*[131] Zu Tollers verletztem Rechtssinn gesellte sich Abscheu vor einem inhumanen Justizwesen, das sich jahrelang nicht zum Eingeständnis seiner Fehlbarkeit bequemte, dadurch die Wiederaufnahme des Prozesses verschleppte und die vorläufige Freilassung der unschuldig Verurteilten vereitelte: *Immer, wenn der Staat sich irrt, verschanzen sich seine Funktionäre hinter dem gefährdeten Staatsprestige, und die Einfältigen glauben es und merken nicht, daß jene nur ihr eignes Prestige retten wollen.*[132] Seine Oktober 1932 im Wiener Raimund-Theater aufgeführte Dramatisierung dieses Justizskandals, in der auch die Wankelmütigkeit der Menge nochmals bitter ironisiert wird, fand jedoch kurz vor Hitlers Triumph kein Echo in der reichsdeutschen Presse. In Deutschland, wo sich nunmehr eine gigantische Rechtlosigkeit auszubreiten begann, wurde das Stück schon gar nicht gespielt.

Häftling Nr. 44

Im Gefangenenbuch des Festungsgefängnisses Niederschönenfeld trug Toller die Nr. 44. Sie findet sich auf dem Titelblatt der *Gedichte der Gefangenen* unter dem Verfassernamen. Neun Bücher aus fünf Jahren hätte die ominöse Nummer zieren können. Niederschönenfeld, wenige Kilometer vom Flecken Rain entfernt, in den weiten Lechniederungen, ein verlorener Winkel Deutschlands, war bestens geeignet, unliebsame Zeitgenossen vergessen zu machen. Das einstige Kloster hatte zuletzt als Jugendgefängnis gedient. (Heute ist das wieder seine Bestimmung.)

Nach fast zwei Jahren in der Zelle schrieb Toller an Rolland: *Ich möchte diese Jahre nicht missen. Geistig bin ich ungebrochen, wie in den ersten Stunden der Haft, wohl reifer geworden durch eine Fülle von Lebenserfahrungen. Manch bitteres Erlebnis habe ich bis zur letzten Neige kosten, manch bittere Erkenntnis bis zur letzten Konsequenz durchdenken müssen. Auch die Schule gemeinsamer Haft ist eine Schule des Lebens, eine Schule des Erlebens der nackten Menschlichkeiten.*[133] Die extreme Isolation von der Welt hatte aus dem schwärmerischen Propagandisten der *Menschheitsliebe* und Verkünder einer *Wandlung* des Menschen zum Guten – paradox genug – einen scharfäugigen Realisten gemacht. Niederschönenfeld, das lärmerfüllte Dasein zusammengepferchter Häftlinge, war ein Mikrokosmos der Sozialität. Als *dieses schreckliche Geschenk der Haft* konnte Toller seine Bekehrung zur kruden Wirklichkeit des Menschen bezeichnen. Er wollte seine Desillusionierung nicht in *Feindschaft, Verbitterung, Menschheitshaß* münden lassen, nicht pessimistisch resignieren, mußte jedoch eingestehen: *Ich glaube nicht mehr an Wandlung zu «neuem» Menschentum. Jede Wandlung ist Faltung oder Entfaltung. Tiefer als je spüre ich den Sinn des tragischen und gnädigen Worts: Der Mensch wird, was er ist.*[134] Anderthalb Jahre danach bekannte Toller seiner bevorzugten Briefpartnerin Tessa (Netty Katzenstein), wie schwer er ohne erhebenden, mitreißenden Glauben auskomme: *Denn ich bin müde. Ich habe einen Glauben verloren und bin noch nicht ganz durchdrungen von der großen Kraft, Glauben nicht mehr nötig zu haben.*[135] Solcher Abschied vom Unbedingten, Absoluten des ekstatischen O-Mensch-Glaubens eines expressionistischen Jünglings war nicht bloß ein privates psychologisches Problem, er schloß auch die Absage an Politutopien und parareligiöse Ideologien ein, die Allgemeingültigkeit beanspruchten und den Endzustand eines großen Glücks aller in einem irdischen Paradies, etwa

Ernst Toller in seiner Zelle

einer klassenlosen Gesellschaft, verhießen. Anläßlich seines Schauspiels *Der deutsche Hinkemann* erklärte Toller: *Das Absolut-Gute, das «Paradies auf Erden» wird kein Gesellschaftssystem schaffen, es handelt sich einzig darum, für das relativ beste, das der Mensch finden und verwirklichen kann, zu kämpfen* (Brief an Stefan Zweig).[136]

Jedoch nicht als Zyniker, sondern als ein zwar illusionsloser, aber wollender Realist entwarf Toller die Tragödie vom Eugen Hinkemann, dem verstümmelten Kriegsheimkehrer, als er, *schmerzhaft, die tragische Grenze aller Glücksmöglichkeiten sozialer Revolution erkannte. Die Grenze, jenseits der die Natur mächtiger ist als menschliches Einzelwollen und gesellschaftliches Wollen. Darum wird Tragödie niemals aufhören. Auch der Kommunismus hat seine Tragödie. Immer wird es Individuen geben, deren Leid unlösbar ist... Ich sage das nicht aus Resignation. Nur der Schwache resigniert, wenn er sich außerstande sieht, dem ersehnten Traum die vollkommene Verwirklichung zu geben. Dem Starken nimmt es nichts von seinem leidenschaftlichen Wollen, wenn er wissend wird. Not tun uns heute nicht die Menschen, die blind sind im großen Gefühl, not tun uns, die wollen – obwohl sie wissen.*[137]

Schmerzlich genug waren freilich die neuen Einsichten in die menschliche Natur, bittere Lektionen waren in fünf langen Jahren zu lernen: Die alte Untertanengesinnung lebt fort[138], *Knechtschaftskult* und *Machtkult* sind nur zwei Seiten derselben Medaille[139], *brüderliche Verbundenheit* und radikales Sichöffnen verkehrten sich unter dem ertötenden Druck der Gewöhnung in Antipathie, Überdruß, ja Haß.[140] Die sozialistische Arbeiterbewegung war in Fraktionen zerspalten, welche sich sektiererisch und mit Brachialgewalt sogar im Gefängnis verfolgten.[141] Uralte Instinkte, begriff er, lauern unter dem hauchdünnen Firnis der Weltanschauungen. Der *Bruch zwischen sozialistischen Einsichten und traditionellem Empfinden*[142], eingeschliffenen Verhaltensweisen, zum Beispiel im Sexuellen und in den Geschlechterbeziehungen, fiel ihm auf. Leicht zu durchschauen waren die Versuche der Kommunisten, Toller als einen volksfernen, kleinbürgerlichen Intellektuellen hinzustellen – seine Erkenntnisse waren unangenehm. Das *Klischeebild* vom Proletariat – Säkularisierung des biblischen ‹auserwählten Volkes› – zerfiel, Toller erblickte den Proletarier in seiner banalen Realität *jenseits der politischen Demagogie*[143]. Entmythologisierung einer Lichtgestalt: er *ist weder ein moralischer Heiliger noch ein Gott, er ist der historische Träger einer Idee, des Sozialismus, seine Art ist zeit- und klassengebunden*[144]. Zweifelnd frug er sich, ob die angeblich *‹aufgeklärten›* Massen der Gegenwart tatsächlich *gefestigter* seien als die *‹unwissenden›* des verflossenen Säkulums: *Wie leicht lassen sich auch jetzt Massen von Stimmungen, von Versprechungen, von Hoffnungen auf neue Vorteile lenken und ablenken, heute jubeln sie dem Führer zu, morgen verdammen sie ihn, heute stehen sie zu ihrer Sache, morgen geben sie sie preis; wie leicht wird es großen Volksrednern, sie zu Handlungen blinder Leidenschaft hinzureißen.*[145] Selbstbesinnung eines deutschen Danton? Auf jeden Fall Häresie für jedes marxistische Ohr.

Statt der *Herrschaft der Phrase*, hämmerte Toller seiner Partei, der USP, ein, sei *praktische Kleinarbeit* notwendig.[146] Mit ideologischen Konstrukten seien nicht reale Barrieren, zum Beispiel zwischen Hand- und Kopfarbeiter, zu überbrücken, denn der alte Haß gegen den Intellektuellen sei ein *reiner Triebhaß*[147] (und eine Spezialität der deutschen Arbeiterschaft, wie hinzugefügt werden muß). Nicht minder heftig als vor Parteidoktrinären war aber Tollers Abneigung vor dem Typus des geschickten Tagespolitikers, vor den ‹Männern der Stunde›; die wenigen ethischen, aus Überzeugungen lebenden Naturen seien machtlos gegen *die mit Pech und Feuer geschweißte Phalanx der Gemeinen, der Niedrigen, der Schacherer mit Menschenleben, der Gewaltsüchtigen*[148]. Hier scheint, bereits Ende 1921, das Thema von *Hoppla, wir leben!* (1927), dieser Kritik am ‹neu-sachlichen› oder nichts-als-sachlichen, in Wahrheit gesinnungs- und standpunktlosen ‹Realpolitiker›, durch. Man müsse *ohne Götzenbilder leben können*[149], die starren Ideologeme aufgeben, aber man dürfe darum nicht zum prinzipienlos lavierenden, unentwegt taktierenden, nur reagierenden und aus Überzeugungslosigkeit stets kompromißbereiten Macher absinken. Das war insbesondere den SPD-Politikern ins Stammbuch geschrieben. Der SPD-Minister Wilhelm Kilman in *Hoppla, wir leben!* beherrscht in dieser Weise *acht Jahre nach einem niedergeworfenen Volksaufstand* das Spiel auf der politischen Klaviatur virtuos – ein Repräsentant des *Minuten-Opportunismus* seiner Partei.[150]

Geschärfter Wirklichkeitssinn und eine erstaunliche schriftstellerische Produktivität – nie ist Toller schöpferischer gewesen denn als Häftling – waren ein paradoxer ‹Segen der Sünde›, daß Menschen unter unwürdigen Bedingungen Menschen gefangenhalten: *Gefängnis ist Schändung von Menschen* (Brief an Rolland).[151] Doch der literarische Ertrag dieser fünf Jahre darf nicht über die tiefen Schatten hinwegtäuschen, die auf dem Gefangenen Toller lagen. Schmerzvoll verfolgte er den Persönlichkeitsabbau durch ein langes Kerkerdasein: Haft macht schlecht, verstärkt alle negativen Komponenten. *Es gibt zerstörerische Wirkungen der Haft, die den ganzen Menschen treffen. Elementare Lebenskräfte (immer versagt die Vernunft, wo es sich um Urkräfte handelt) kehren sich gegen den Menschen, gegen den «bewußten» Willen. Jeder, der ein solches Haus verläßt, ist verbogen*, konstatiert der seit drei Jahren Eingeschlossene.[152] Die Gefahr des Realitätsverlustes nimmt zu, die Kraft, sich dem Sog ins Unwirkliche entgegenzustemmen, nimmt ab: *Jedes Erwachen morgens ist ein Erwachen in Traum-Unwirklichkeit. Vielleicht ist die Natur gütig: nimmt dem Lebensgefühl des Gefangenen die Schärfe der Wirklichkeit. Ein Hindämmern wird das Leben im Gefängnis*.[153] Die kreative Leistung muß dem Sog ins Weltlose, Irreale mühsam abgerungen werden. Zeitweilig war Toller zu literarischer Gestaltung nicht imstande.

Die negativen Folgen langen Haftlebens wurden verstärkt durch die Praxis des Strafvollzugs in Niederschönenfeld. Die Räterepublikaner waren zu Festungshaft, einer Ehrenhaft (custodia honesta), verurteilt. Für politische Häftlinge der Rechten – vom Eisner-Mörder bis Hitler – galten deren Bestimmungen, nicht jedoch für die der Linken. In Niederschönenfeld war im August 1919 eine ‹verschärfte Hausordnung› erlassen worden, die den Häftlingen die meisten Privilegien der Ehrenhaft nahm. Der Jurist Gustav Radbruch, 1921 bis 1923 sozialdemokratischer Reichsjustizminister, charakterisierte Niederschönenfeld als ein Mittelding zwischen gewöhnlichem Gefängnis und Zuchthaus.[154] Niekischs Appellation im bayerischen Landtag nach seiner Entlassung legte die rechtlosen Zustände bloß.[155] In einem beschlagnahmten Brief Tollers an den Verleger Paul Cassirer heißt es Mitte 1921: *Tag und Nacht Überwachung des Zellengangs, Öffnen und Durchschnüffeln jeder Konservenbüchse, Zerschneiden jedes Brots, jeder Wurst (die von draußen geschickt werden), Ablieferung oder vielmehr Nichtaushändigung der Paketverpackungen, der kleinsten Papierfetzen, der Umschlaghüllen usw., Besuche unter strenger Auf-*

Tessa (Netty Katzenstein), bevorzugte Brieffreundin des Häftlings Toller

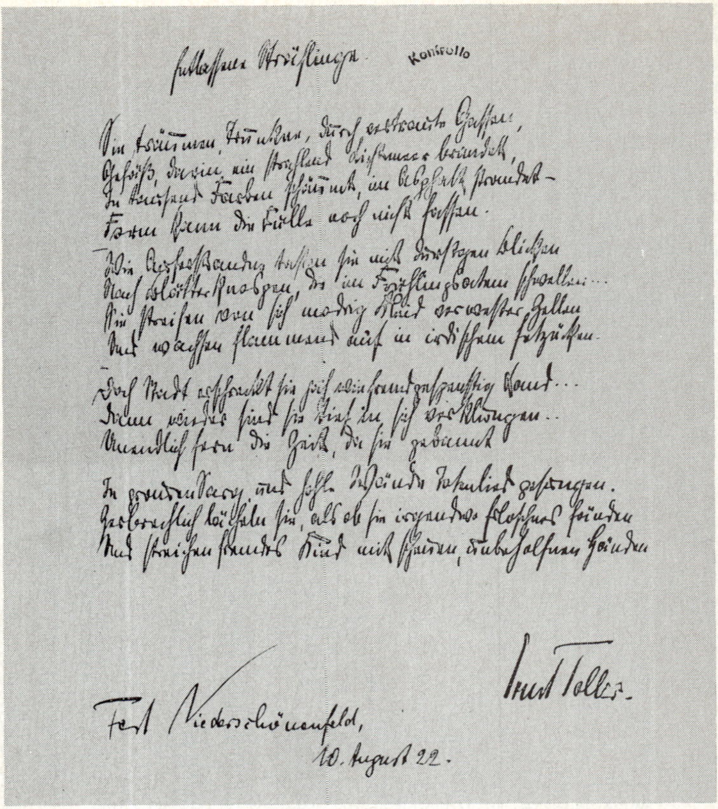
Entlassene Sträflinge. Kontrolle

Ernst Toller.

Fest Niederschönenfeld,
10. August 22.

«Entlassene Sträflinge» aus dem Sonettenkreis «Gedichte der Gefangenen»

sicht, die Besuchszeit um die Hälfte gekürzt, die Zusammenstöße mit «schneidigen» Wärtern – alle diese kleinen Plänkeleien des täglichen Haftlebens, die den Draußenlebenden belanglos scheinen (und es auch objektiv sind), und die den Gefangenen wie Peitschen, wie Stiche und Widerhaken treffen, sind seelische Martern eines raffiniert «humanen» Strafvollzuges.[156] Toller argwöhnte, nicht grundlos, die extreme Disziplinierung sei Rache für die kurze Stunde der Schwäche der Justizler während der Revolution, die sie durch peinlich strengen Diensteifer wettzumachen bzw. zu überkompensieren suchten: *Die Staatsanwälte, die man aus München nach Niederschönenfeld versetzt hat, verzeihen uns nicht, daß wir sie klein gesehen haben, daß sie sich vor uns fürchteten, daß sie bereit waren, sich auf den ‹Boden der Tatsachen› zu stellen, wenn sie uns schikanieren, rächen sie sich für ihre eigene Feigheit.*[157]

Den Alltag des ‹Massenkäfigs› Niederschönenfeld beherrschten nicht endende, häufig drakonische Disziplinarstrafen. Lappalien wurden zu immer neuen Erniedrigungen genutzt. Jener Typus, der heute ‹autoritäre Persönlichkeit› heißt, im konservativen Justizapparat verbreitet, feierte billige Triumphe, nackte Repression war seine Devise. Auf geringe Anzeichen von Selbstbehauptungswillen hagelte es Nahrungsentzug, Bettentzug, Einzelhaft, Schreibverbot, Besuchsverbot, Verbot des Paketempfangs, Hofverbot, Sprechverbot. «Die Toller-Leute leben wie die Neger», geht in Tucholskys «Jagow vorm Reichsgericht» (1921) ein Vers.[158] Toller erhielt von dieser Sturzflut an Strafen sein Teil zudiktiert. Für sein empfindliches Rechtsgefühl waren sie dann besonders provokativ, wenn sie wegen bloßen Bestehens auf den gesetzlichen Rechten des Häftlings verhängt wurden. Das verbriefte Beschwerderecht auszuüben war praktisch unmöglich.[159] Die elementaren Menschenrechte wurden in Niederschönenfeld grob verletzt; die Häftlinge waren so gut wie entrechtet. Die von Niekisch im Landtag ausgelöste Redeschlacht änderte nicht das mindeste, das Justizministerium deckte seine Beamten und malte ein grotesk idyllisches Bild von Niederschönenfeld. Was Toller im Schlußkapitel seiner Autobiographie und im Briefband an bürokratischem Staatsterror

Das ehemalige Kloster Niederschönenfeld (heutiger Zustand)

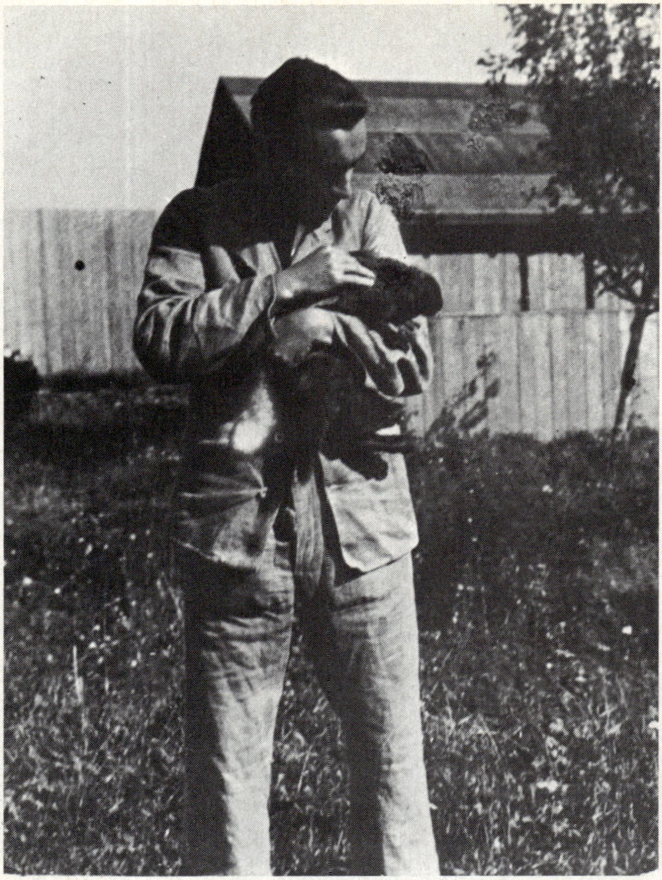

Häftling Toller in Niederschönenfeld

aufzählt, spricht heutigem Empfinden für Rechtlichkeit und Menschenwürde Hohn.

Mitte 1921 war Toller als Ersatzmann in den Landtag nachgerückt, für den von einem Offizier der ‹Einwohnerwehren› ermordeten USP-Fraktionschef Gareis. Er konnte sein Mandat nicht einen einzigen Tag ausüben. Vor dem Volksvertreter Toller bezeigte der Festungsvorstand, auf Respekt vor seiner Beamtenwürde stets wohlbedacht, keinerlei Achtung; an Tollers Behandlung änderte sich nichts. Von der Möglichkeit eines Gnadengesuchs machte Toller keinen Gebrauch. Bereits 1919 hatte er eine individuelle Begnadigung, dem Autor der *Wandlung* zugedacht, aus

Solidarität mit den einfachen Mitkämpfern verworfen. Während der fünf Jahre erhielt er keinen einzigen Tag Urlaub, er konnte keiner Premiere seiner Stücke beiwohnen. Von der Strafe wurden ihm knapp 24 Stunden geschenkt, doch nicht etwa als eine versöhnliche Geste, sondern um unliebsamen Kundgebungen für die ‹Symbolfigur› der Revolution auszuweichen. Am 15. Juli 1924 wurde Toller in einer Nacht-und-Nebel-Aktion, die heuchlerisch als Schutz vor einem angeblichen Anschlag ausgegeben wurde, von Kriminalern auf Umwegen zur Grenze nach Thüringen ge-

Manuskriptseite aus «Eine Jugend in Deutschland»
(Deutsches Literaturarchiv, Marbach)

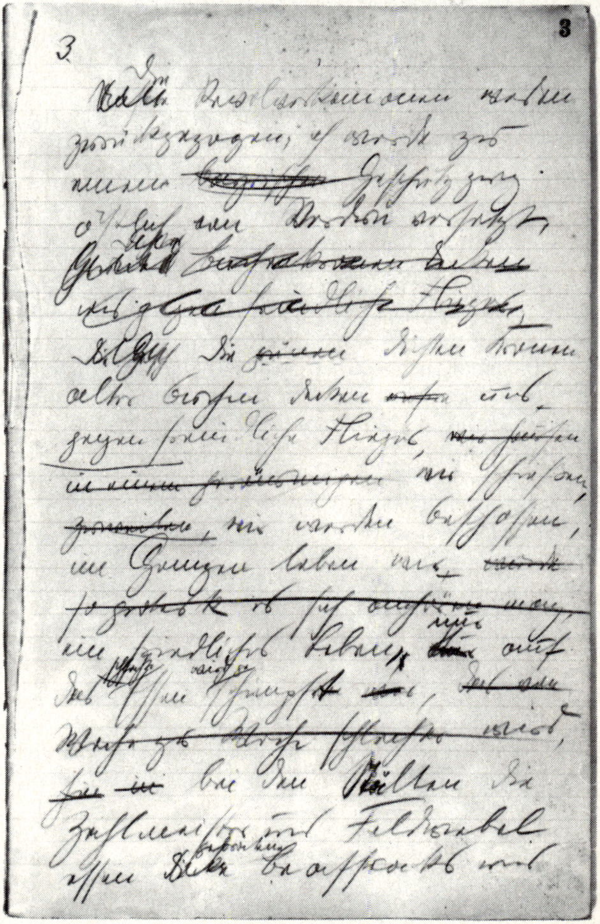

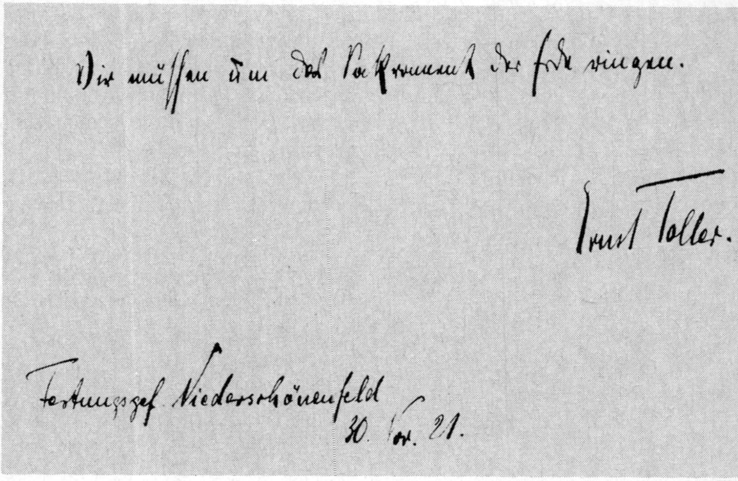

«Wir müssen um das Sakrament der Erde ringen». Autograph in Tollers «schöner Diktatorenhandschrift» (Tilla Durieux)

schafft. Von seinen Leidensgefährten hatte er sich nicht verabschieden dürfen. Tollers Ausweisung aus Bayern, das Mühsam boshaft «die deutsche Vendée» nannte, war ein glatter Rechtsbruch, da er 1919 die bayerische Staatsbürgerschaft erworben hatte, außerdem die Weimarer Verfassung allen Deutschen Freizügigkeit innerhalb der Reichsgrenzen garantierte. Über seine Abschiebung heißt es am Schluß von *Eine Jugend in Deutschland*:

Ich darf nicht mehr zu meinen Kameraden zurückkehren, ich muß mich splitternackt ausziehen, Körper, Anzug und Wäsche werden durchsucht, ich packe meine Sachen, die Herren Kriminalbeamten nehmen mich in die Mitte, das Gefängnistor öffnet sich, ich atme die Luft des unvergitterten Himmels. Auf dem Weg zur Bahn patrouillieren radfahrende Landjäger, sie fahren wie Kunstfahrer kleine Bögen und graziöse Achten, auf dem Bahnsteig schreite ich eine Ehrenkompagnie schwerbewaffneter Gendarmen ab.

– Warum so viel Ehre? frage ich die Kriminalbeamten.

– Ein Attentat auf Sie war geplant, antworten die Herren, die bayerische Regierung weiß, was sie Ihnen schuldig ist, wir sind ein Ordnungsland, fahren Sie mit Gott und behalten Sie unser liebes Bayernland in freundlicher Erinnerung.[159a]

Gegen Parteikunst

Da Toller sich als ein Dramatiker verstand, der für die Arbeiterschaft schreibt, hätte ein Anschluß an die kommunistische Parteiliteratur niemanden überrascht. Doch er reklamierte hartnäckig seine politische, geistige und ästhetische Selbständigkeit. Sein Wille zur Unabhängigkeit von Parteilosungen wird schon in den Gefängnisbriefen sichtbar. Er verstand sich als sozialer, ja sozialistischer Schriftsteller, dem jede ästhetische Selbstgenügsamkeit ein Greuel war; den in seine Worte verliebten poetischen Narziß und Sprachziseleur klagte er heftig als mitschuldig am Elend der Zeit an.[160] Ein Statement über seinen Erstling *Die Wandlung* vom Herbst 1919 zeigt, daß es ihm ganz auf die *Wirkung* desselben ankam, ja, er weist ihm Flugblattcharakter zu:

Wenn politisches Flugblatt Wegweiser, geboren aus Not der äußeren Wirklichkeit, Gewissensnot, Fülle der inneren Kraft bedeutet, so mag «Die Wandlung» getrost als «Flugblatt» gelten.

...

Also Tendenzdrama? Tendenzdrama liegt im Bezirk des bürgerlichen Reformismus (Motto: Seid wohltätig und verachtet nicht die Huren, die auch Menschen sind!)

Ein politisches Drama? Vielleicht ein brüchiger Schritt dazu.

...

Voraussetzung des politischen Dichters (der stets irgendwie religiöser Dichter ist): ein Mensch, der sich verantwortlich fühlt für sich und für jeden Bruder menschheitlicher Gemeinschaft. Noch einmal: der sich verantwortlich fühlt.[161]

Auf Tollers Zukunft als ein zwar engagierter, jedoch nicht parteipolitisch gebundener Schriftsteller weist in dieser ästhetischen Konfession dreierlei hin: die – wenngleich vorsichtige – Einbeziehung des Religiösen, die Berufung auf Max Webers Verantwortungsethik (statt einer Gesinnungsethik) und die klassenneutrale Allgemeinmenschlichkeit, welche jeder Parteilichkeitsmaxime absagt. Darüber hinaus betonte Toller früh das subjektive Moment in seiner Inspiration; eigene Erlebnisse führten ihn zum Schreiben: *Wenn mich Erlebnisse gequält haben, treibt es mich, ein Drama zu schreiben, ein Werk zu bilden, wie im Fieber.*[162] Dem Regisseur der ersten Inszenierung von *Masse – Mensch*, Jürgen Fehling, teilte Toller 1920 mit, er sei unmittelbar vor Beginn der Niederschrift *wie gepeitscht von Bildern* gewesen und habe das Stück rauschhaft in kürzester

Rummelplatzszene aus der «Hinkemann»-Inszenierung der Volksbühne Berlin 1927, Regie: Toller, Bühnenbild: Edward Suhr, mit Heinrich George (Hinkemann)

Zeit aufs Papier geworfen.[163] Er wußte, das Erlebte – die Räterepublik – war *irgendwie noch schmerzende, qualvolle ‹Seelensubstanz›*, psychischer Rohstoff, noch nicht zu gültigem Bild der Ereignisse geformt und insofern künstlerisch mangelhaft. Er frug sich, was in einem derartigen Stück überhaupt *real* sei, und antwortete: *Nur der seelische Atem.*[164] Für ein kritisches Abwägen, analytisch-sachliche Wirklichkeitsgestaltung blieb Toller zeitlebens ungeeignet: seine Gedichte und Stücke sind emotional stark aufgeladen, von einer gesteigerten Subjektivität geprägt. Sogar bei der Niederschrift des Stückes *Die Maschinenstürmer*, das einen historischen Stoff behandelt, hinderte ihn seine *seelische Erregung* an kühl-bedachtsamer Arbeit, so daß fünf Anläufe nötig wurden.[165] Den menschheitlichen, humanitären Charakter seines Werkes brachte er früh auf die lapidare Formel: *Proletarische Dichter, menschliche Dichter.*[166] 1922 schrieb er einem Arbeiter, scheinbar im Widerspruch dazu:

Man spricht heute viel von proletarischer Kunst. Sie ist uns notwendig, aber sie kann nicht auf Grund von Programmen fabriziert werden.

Die ewigen menschlichen Probleme, wie der Proletarier sie erlebt, gestalten, nur das kann der Inhalt proletarischer Kunst sein. Es ist nicht Aufgabe der proletarischen Kunst, irgendwelche Parteiresolutionen in die Massen zu werfen, das mögen Agitatoren besorgen. Proletarisches Schicksal, Leben, Not, Kampf und Traum der Massen werden dem Antlitz der proletarischen Kunst ihre besonderen Züge verleihen.

Zuletzt aber kann sich auch der proletarische Dichter der Tragik des menschlichen Lebens, die offenbar wird im Proletarier ebenso wie im Bourgeois, nicht verschließen.[167]

Ein eindeutiges Nein zum gereimten Parteiprogramm, zur dramatisierten Generallinie, zum marxistischen Geschichtsdeterminismus in Vers- oder Romanform. Desgleichen zu einem Optimismus, der von unlösba-

Zeichnung von George Grosz zur englischen «Hinkemann»-Ausgabe von 1926

«Die Maschinenstürmer»: Erstaufführung am Großen Schauspielhaus, Berlin 1922. Bühnenbild und Kostüme von John Heartfield

rer Tragik nichts wissen will, zu einer parteilichen Schwarzweißmalerei, die nur komplette Schurken und heldische Lichtgestalten kennt. Der Mensch sei ihm mehr als eine *Parteikarte*, die dichterische Idee mehr als eine *Tagesparole*, und er, Toller, spreche zu *allen Bereiten*, gleich welcher Klasse sie angehören – insofern betrachtete er sich durchaus als *parteilos*.[168] Bornierte Engstirnigkeit amusischer *Theoretiker*, die er in Parteibüros und Redaktionsstuben von Parteiorganen witterte, brachte ihn auf. Er prangerte einen Utilitarismus an, der von jedem Kunstwerk einen realen Nutzeffekt erheischt und es allein nach diesem beurteilt, er verabscheute den Neopuritanismus, der jegliche Schönheit perhorresziert, und einen Zelotismus, der dem Dichter verbieten will, *über das Leben nachzudenken und über den Tod*[169]. Vor allem eine poetisch mythisierende Verherrlichung des *heiligen Proletariers*, die der Wirklichkeit Hohn sprach, nahm er aufs Korn. 1924 machte Toller, auf ein fünfjähriges intimes Studium des *nackten Proletariers* sich berufend, Front gegen den *gefährlichen Selbstbetrug der Schriftsteller, die proletarische Bildungsarbeit zu leisten meinen, indem sie «O heiliger Proletarier, o göttlicher Prolet, du bist das Kind der Gerechtigkeit, der Liebe, der Reinheit» – rufen und unter heftigen Kotauen proletbyzantinisch sich gebärden ... Täuschen wir uns nicht, die Folgen des «Stahlbades»: Demoralisation, Korruption, Mißach-*

tung des Lebens in aller Form, haben auch weite Schichten des Proletariats infiziert.[170] Solche Feststellungen erfreuen noch heute orthodoxe Marxisten und kommunistische Literaturprofessoren wenig. Verständlich, daß KPD-nahe Theaterkritiker Toller nie zujubelten, bestenfalls ein sauertöpfisches halbes Lob spendeten. Einen Protestbrief nach einer als Verleumdung empfundenen Kritik des *Hinkemann* nahm er unter der vielsagenden Überschrift *An einen kommunistischen Kritiker* in die Briefausgabe auf[171] – mit dem Anonymus war die gesamte KPD-Publizistik gemeint.

Toller wollte der Arbeiterschaft den Wahrheitsspiegel vorhalten, anstatt ihr zu schmeicheln – das unterschied ihn prinzipiell von jedem Parteimann, der für sich um die Massen wirbt. *Politiker und Künstler, Politiker und Religiöser, Politiker und Ethiker – ich bin mir endlich klar geworden, was sie im Wesen scheidet. Kein Beschönigen, kein Verkleistern hilft ...* (Brief an Niekisch).[172] Die Frage des Regisseurs der Dresdner *Hinkemann*-Inszenierung, ob seine Tragödie «Tendenz» habe, beantwortete Toller in einer Weise, die an seine Berufung auf die *Fülle der inneren Kraft* fünf Jahre zuvor erinnert: *Entscheidend ist, wie die Tendenz im Kunstwerk sich manifestiert. Ob vom Wesen her, mit einer Kraft, die ich religiös nennen möchte, oder von der Epidermis her, plakatierend.*[173] Im übrigen meinte Toller, die seit dem Vormärz geführte Debatte über Tendenzkunst drehe sich um ein Scheinproblem; gegenüber Großmann äußerte er vor der *Hinkemann*-Premiere: *Es gibt keine Dramen ohne politische Elemente. Drama ist Gestaltung von Beziehungen societärer Menschen. Nur der Bürger wähnt, es gäbe Societas ohne soziale und politische Bindung. Dabei sprechen seine Schulen gerade die Werke heilig, die am stärksten politisch tendieren. Da sie dahin tendieren, wohin er tendiert, sind sie frei von Tendenz.*[174] Nur eben: Literarischer Kampf für die Leidenden, Hungernden, Versklavten muß nicht eo ipso doktrinär verengte Parteischriftstellerei sein.

Die zwischen 1920 und 1924 in Zelle 83 entstandenen Theaterstücke *Die Maschinenstürmer, Der deutsche Hinkemann* und *Der entfesselte Wotan* spiegeln die Offenheit des nicht fixierten Tendenzautors. Jedes der Stücke gehört einem anderen dramatischen Genre an, die Formstruktur ist jeweils verschieden – die drei Werke könnten von drei Autoren stammen. Keines baut auf dem vorangegangenen auf, obschon einzelne Motive transponiert werden. Toller war das Gegenteil eines Sternheim, Brecht oder Kaiser, die unverwechselbare Eigenheiten und Konstanten in Dramaturgie und Sprache ausbildeten. Toller entwickelte nicht einen dramatischen Grundansatz konsequent, zog nicht künstlerische Entwicklungslinien aus. Er begann jedesmal gleichsam von vorn, was amateurhaft erscheinen könnte: *Die Wandlung* war expressionistisches Stationendrama, *Masse – Mensch* Ideendrama ohne ‹Fleisch›, *Die Rache des verhöhnten Liebhabers* liebenswürdig-harmlose Burleske[175], *Die Maschinenstürmer* pseudorealistisches Massenspiel, mit *Hinkemann* lieferte er ein existentielles Problemstück, *Der entfesselte Wotan* war satirische Zeitkomödie. Die Muster oder geistigen Verwandten lösten einander ab: *Die Maschi-*

nenstürmer ließen an Gerhart Hauptmanns «Die Weber» denken, *Hinkemann* an Büchners «Woyzeck», *Wotan* scheint bei Sternheims Aufsteigerdramen angesiedelt. Auch später, von *Hoppla, wir leben!* bis zu *Nie wieder Friede!* und *Pastor Hall*, wechselten die dramatischen Genres und Strukturtypen ab. Ein dilettierender Dramatiker? Man könnte darauf verweisen, daß Toller nicht kontinuierlich arbeitete, seine kreativen Eruptionen von längeren Perioden literarischer Untätigkeit abgelöst wurden.

Den im Winter 1920/21 geschriebenen, Juli 1922 in Berlin uraufgeführten *Maschinenstürmern* gab Toller den Untertitel *Ein Drama aus der Zeit der Ludditenbewegung in England.* Ludditen oder Luddisten hießen (nach ihrem Anführer Ned Lud) jene Aufständischen von 1815, die sich durch Zerstörung der neuen Webmaschinen gegen den Verlust ihrer Arbeitsplätze wehrten. Tollers vielköpfiger Bilderbogen erfüllt jedoch keineswegs die Ansprüche eines Geschichtsdramas: der Autor übertrug soziale und wirtschaftliche Daten der vierziger Jahre, Marx und Engels entnommen, auf das Jahr 1815, er verband also den Ludditenaufstand mit der späteren Chartistenbewegung. Vieles ‹stimmt› daher geschichtlich nicht, die Faktenbasis trägt kaum, was auch für die Gestalten gilt. Die im *Vorspiel* auftretenden Lord Byron – der humane Dichter – und Lord Castlereagh – der kalt-gefühllose Politiker und Agent wirtschaftlicher Interessen – stießen niemals, wie bei Toller, im Oberhaus zusammen. Daß Toller erstmals seinen Hauptfiguren Vor- und Zunamen gibt, sie also individualisiert und um historische Konkretheit bemüht scheint, ändert nichts an ihrem allegorischen Charakter. Der Agitator Jimmy Cobbett, Gewerkschaftler, einsichtiger Kopf und vorausschauender Führer, der positive Held des Stücks, ist aus zwei historischen Personen komponiert, William Cobbett und dessen Sohn James. Für den Fabrikanten Ure, seinen Widersacher, stand der Glasgower Chemieprofessor Andrew Ure Modell, Verfasser von «The Philosophy of Manufactures» (1835), erklärte Zielscheibe der Kritik von Marx und Engels. Mary Anne Walkley entstammt ebenfalls Tollers Marx-Lektüre. Fiktionale Gestalten wie der Bettler, der alte Reaper oder Louis mit der Karre sind eher expressionistische Defizienztypen als realistische Proleten: der philosophierende Bettler korrigiert als Wahrredner Cobbetts idealisierende Sicht des Proletariats, der halb verrückte, halb visionäre Reaper darf das Schlußwort sprechen, Louis geht auf eine Samotschiner Kindheitserinnerung zurück.

Die Maschinenstürmer bieten nicht verifizierbare Historie, sie besitzen Gleichnischarakter, sollen eine *Parallele* zur Weimarer Republik sein – das Geschichtsdrama als verkapptes Zeitstück. Noch ganz expressionistisch wird die Maschine als *Symbol unserer mechanistischen Periode* dämonisiert, sie soll *mehr als materielle Bedeutung* haben, ihre *gespenstige Erscheinung* löst die Zerstörungsaktion der Arbeiter aus.[176] Was das Stück an Aktuellem vermittelt, gilt dem Wesen des Proletariers (Schwäche der Vernunfterkenntnis gegenüber blinden Affekten), der Unterscheidung zwischen guten und schlechten Führern, verkörpert im weitsichtigen Cobbett und im aktionistischen John Wible, der *Demagoge, Phraseur, Handelnder aus Ressentiment, subalterner Rebell um der Rebellion willen* ist.[177] Im Regierungsvertreter, der mit Ure paktiert, kündigt sich bereits Kilman in *Hoppla, wir leben!* an. Den idealen Arbeiter schuf Toller mit dem (dramaturgisch belanglosen) Ned Lud, einem spontanen Gefühlsmenschen, der nicht *Führer*, sondern ein *gerader, mutiger Arbeiter* ist.[178] Mit den *Maschinenstürmern* wollte Toller nicht die Tragödie des Arbeiterführers schreiben, vielmehr sollten *die Not und die Maschine* hier *das tragische Centrum* bilden.[179] Er wollte die Klassenkämpfe der industriellen Epoche dramatisieren – *Hauptakteure aber: die Weber*. Jede Anlehnung an Hauptmanns Mitleidsdichtung «Die Weber» bestritt der Autor energisch; als eine seiner Gestaltungsabsichten nannte er *das erste Erwachen des Volkes zu revolutionärem Bewußtsein*[180]. Daß er nicht an eine Parteiliteratur dachte, geht aus folgender Äußerung von Anfang 1922 hervor: *Die Maschinenstürmer* seien *das Drama einer Klasse, wenn auch kein Klassenkunstdrama im Sinn der deutschen Nachahmer des Proletkults, da Kunst immer im Menschlichen mündet – und gerade darum wahrhaft revolutionär ist.*[181]

War 1922 bei der Uraufführung die Atmosphäre im Parkett schon «politisch geladen»[182], so sollte im Jahr darauf *Der deutsche Hinkemann* wahre Tumultstürme hervorrufen.[183] Daß Toller einen Exsoldaten, dem das Geschlecht weggeschossen worden war, auf die Bretter brachte, nahm die nationalistische Rechte für zynischen Affront und Beleidigung der Kriegsopfer. Sogar wohlwollende Theaterkritiker sahen in dem seines membrum virile Beraubten zumindest ein allzu ausgefallenes Sujet (obgleich

Aus einem Fotoalbum mit Bildern der Aufführung von «Hinkemann» in Berlin, das Toller nach Niederschönenfeld geschickt wurde

ZUM EINGANG

ERNST TOLLER büßt für seine Teilnahme an der Münchner Räterepublik 1919, mit vielen anderen Kameraden, in der bayrischen Festung Niederschönenfeld fünf Jahre Festungshaft ab. Am 16. Juni 1924 öffnen sich die Tore seiner Gefangenschaft. TOLLER versuchte auch aus seiner Zelle als Dichter an dem Kampf des Proletariats der letzten Jahre teilzunehmen. Der Kampf geht weiter. / / Wir begrüßen ERNST TOLLER und senden ihn in die Festung dieses schmale Heft mit Lichtbildern von der Aufführung des „Hinkemann“ in Berlin mit allen guten kameradschaftl. Grüßen.

NEUER DEUTSCHER VERLAG

es Hunderte, wenn nicht Tausende derart Verwundete gegeben haben dürfte). Sowohl die bare Verkennung von Tollers Absichten als auch die Vorbehalte gegen den – expressionistischen – allegorischen Fall sind heute schwer zu begreifen. Es kam zu inszenierten Störaktionen und – in Wien – zu einer regelrechten Straßenschlacht.[184] Theaterleiter wichen vor dem terroristischen Druck reaktionärer Organisationen zurück und strichen das Stück vom Spielplan. Toller, der als Symbolfigur der Revolution sein Leben lang politische Konfrontationen auslöste, avancierte zum Skandalautor Nr. 1 der frühen Weimarer Republik. Der ursprüngliche Titel *Der deutsche Hinkemann* hatte die Haßausbrüche zusätzlich angeheizt: auf Plakaten, Programmzetteln, in der Buchausgabe in Majuskeln gesetzt, wurde das Adjektiv als Substantiv gelesen. In Hinkemann als d e m Deutschen schlechthin erblickte die Rechte die gezielt antinationale Provokation eines Juden. Toller änderte rasch den Titel in *Hinkemann* ab[185], was jedoch wenig half, so wenig wie die Schauspielkunst eines Heinrich George, der in Berlin dem Getretenen, im Geiste Armen, dem Opfer erst des Krieges und dann seiner Mitwelt, in all seiner Verzweiflung und Hilflosigkeit erschütternde Züge gab.

Die Geschichte vom arbeitslosen Kriegsheimkehrer, der, um seine Frau und sich vor dem Hungertod zu retten, in einer Schaubude als Abbild deutscher Manneskraft auftritt und Ratten die Köpfe abbeißt, klassifizierte Mehring später als «eine Art Wedekindsche Burlesktragödie»[186]. Toller selber nahm sein Stück ernster und nannte es, 1921 gegenüber Wolff, *einen Schrei in die Zeit*[187]. Im Zentrum der Rummelplatz-Moritat steht die Frage nach dem *Glück*, dem individuellen wohlgemerkt, nicht dem *ewigen Glück* der ganzen Welt[188], das die Heilslehrer ausposaunen. Toller, ernüchterter Expressionist und Revolutionär, meinte, daß Staat und Gesellschaft, gleich welcher politischer Couleur, Glück stets nur begrenzt schaffen können.[189] Kannte Toller Max Brods 1921 bei Kurt Wolff erschienenes Werk «Heidentum Christentum Judentum», das fundamental zwischen «edlem» (unverschuldetem, nicht aufhebbarem) und «unedlem» (gesellschaftlich verursachtem, korrigierbarem) Unglück schied? Anfang 1924 erläuterte Toller seine Intentionen so: *Ich wollte in Hinkemann nicht nur das unlösliche, also tragische Leid eines für viele gesetzten Typus darstellen, sondern auch die tragischen Grenzen der Gesellschaft zeigen, wo sie dem Individuum nicht mehr helfen kann.*[190] Über den Einzelfall des unglücklichen Eugen Hinkemann hinweg, dessen private Malaise bloß traurig, nicht tragisch wäre, strebte Toller nach sinnbildlicher Verallgemeinerung, wollte sein Stück allerdings nicht als pure Allegorie eingeschätzt sehen. Eine pessimistische Geschichtsauffassung ist unverkennbar. Sie rückt *Hinkemann* näher an Büchners «Woyzeck» als äußere Parallelen beider Stücke, etwa die Gestalt des Underdog, das Verführungs- bzw. Untreue-Motiv (Marie/Grete) oder der Priapskult von Sexprotzen (Tambourmajor/Großhahn). Gut expressionistisch bedeutet Leben Leiden, ist die *sinnlose, unendliche Not der blinden Kreatur*[191] eine conditio humana, steckt das Leben voll grausamen Hohns (Fränze-Episo-

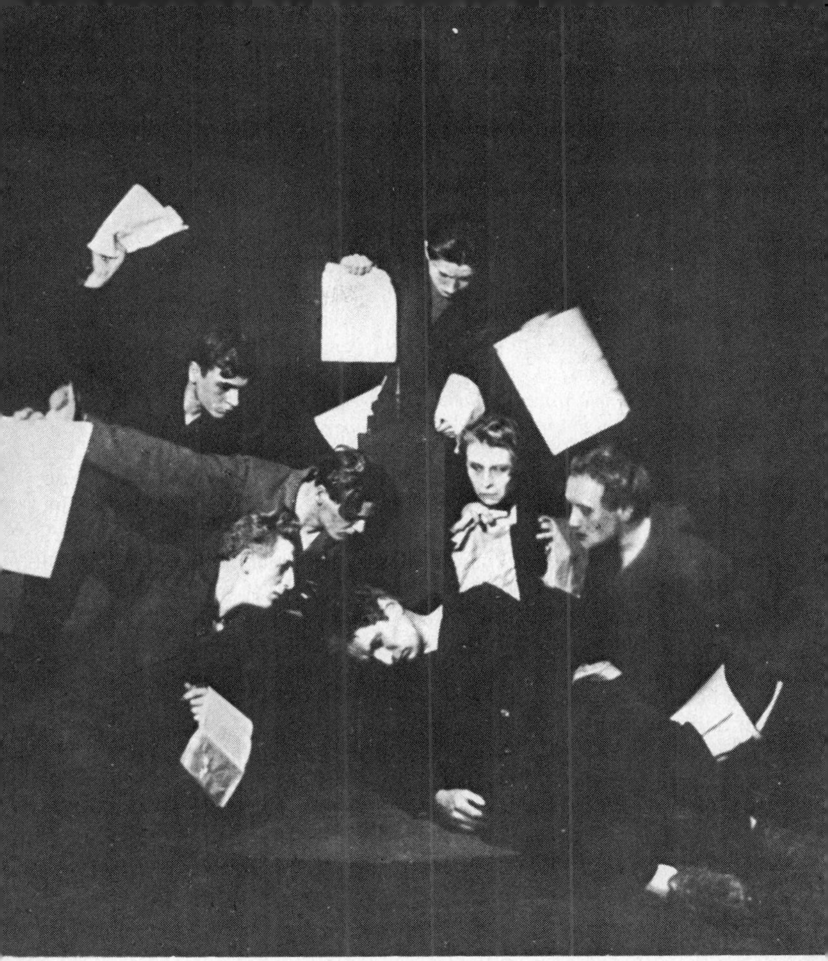

Szene aus der Dresdner Aufführung von «Hinkemann», 1924

de), ist Armut mehr als wirtschaftliches Elend, regieren Zerfall und Vergänglichkeit, bedeutet die Individuation ein Verhängnis. Natur erweist sich stärker als ethischer Wille, Verstand, Vernunft. Lebensangst quält den, der die Welt als undurchschaubaren Urwald erlebt. Überall waltet ein Zwang zu gegenseitiger Vernichtung. Und der Mensch ist keiner essentiellen Veränderung fähig. Das läßt an Büchner denken, desgleichen wie wahllos, ungerecht und unangekündigt das Leben seine Schicksalsschläge austeilt, und – noch lastender – wie sinnlos und unverständlich alles für den Einzelnen bleibt. Tollers Woyzeck: *Das Leben ist so merkwürdig ... soviel drängt auf einen ein, was man nicht versteht, nicht erfaßt, wovor man sich geradezu bangt ... man sieht gar keinen Sinn ... man fragt sich, ob man das Leben überhaupt erfassen kann ...*[192] Das Leben ein *Gefängnis*, sein Sinnbild das Spinnennetz – unrettbar zappelt jeder in diesem *Netz*.[193] Toller als expressionistischer Büchner.

Eine trostlose Stimmung des *alles wankt*, eine Wolke dumpfer Hoffnungslosigkeit lag über der Tragödie Tollers. Er wollte sie mit seinem aufklärenden Lustspiel *Der entfesselte Wotan* wenigstens ein bißchen lichten. Die Komödie sollte trotzdem gefährliche Zeittendenzen entlarven, potentielle politische Gangster durch Gelächter töten. An den Schauspieler Max Pallenberg schrieb er: *Daß wir aber aus diesem Taumel der Dumpfheit herausfinden, dazu soll der «Wotan» mithelfen. Auf wen haue ich mit Keulen los? Auf jene Typen, die nach meiner tiefsten Überzeugung uns in den jammervollsten Dreck geführt haben und die das Volk, befreit es sich nicht von ihrem Einfluß, weiter und weiter hineinstoßen. Das Deutsche an Goethe, an Hölderlin, an Büchner (um nur ein paar aus der Schar der Großen zu nennen), was hat es gemeinsam mit dem Teutschen an Ruge etwa, an Theodor Fritsch, an Adolf Hitler?*[194] Was heute als prophetische Allegorie Hitlers wirkt, blieb jedoch weitgehend eine traditionelle Hochstapler- und Gaunerkomödie aus dem krisengeschüttelten Deutschland der Inflationszeit. Wäre mit Wilhelm Dietrich Wotan, dem Barbier ohne Kundschaft, tatsächlich Hitler direkt gemeint, hätte Toller diese Ausschwitzung des von Existenzängsten gequälten Bürgertums hoffnungslos unterschätzt und als unpolitischen Demagogen, Geschäftemacher verharmlost. Wotan jagt schwerlich Furcht und Schrecken ein, selbst auf dem Gipfel seines kurzen Ruhmes und in seinen rührend komischen Anfällen von Größenwahn bleibt er nur der naiv-pfiffige Schwindler, den ein genialer Einfall aus seiner Finanzmisere retten soll. Wotan ist bis zuletzt der *verkrachte Frisör*, der ein *Schwindelunternehmen* erfand, und sinkt am Ende folgerichtig ganz unheldisch in seine bescheidenen Verhältnisse zurück. Gefährlicher als dieser undämonische Bartkratzer scheinen allerlei sinistre Gestalten, die sich um ihn scharen. Gefahr droht vor allem von gewissen psychischen Dispositionen der Deutschen, ihrem Bedarf an Ersatzreligionen und jeder Art Irrationalismen, Paramythen, ihrer Anfälligkeit für Erlösungslehren. Toller dramatisierte die mächtig aufschwappende religiöse Welle der frühen zwanziger Jahre, die eine emotionale Unterernährung des Volkes verriet, dem gerade seine bisherigen Idole, Ideale, Wertideen genommen worden waren, dessen Bedürfnis nach Anbetung und Verehrung ziellos vagierte. Ohne sonderliches Zutun Wotans aktualisieren sich diese latent vorhandenen Irrationaltriebe. Wotan ist quasi eine katalytische Existenz. Hier lag die Erkenntnisleistung des isolierten Häftlings in Niederschönenfeld als eines von außen beobachtenden aufmerksamen Zeitgenossen. Scheute das deutsche Theater, mit Lustspielen nicht übermäßig gesegnet und billigste Boulevardstücke importierend, vor dem *Entfesselten Wotan* vielleicht zurück, weil Toller – wie sich zehn Jahre später zeigen sollte – einen empfindlichen Nerv getroffen hatte?

Hoppla, ich lebe!

Kreuzigen sollte man jeden Propheten im dreißigsten Jahre;
Kennt er nur einmal die Welt, wird der Betrogne der Schelm.

Goethe (1790)

Toller war dreißig, als sich für ihn die Gefängnistore öffneten. Der im August 1914 zu den Waffen geeilte Patriot sah sich um zehn Jahre seines Lebens betrogen. Die «Welt» kannte er als einer, der – nacheinander als Uniformträger, Räterepublikaner, Häftling – die Menschen kennengelernt hatte. Seine hochfliegenden Hoffnungen – auf Wandlung, Gewaltlosigkeit, Gemeinschaft – waren zerronnen. Er war «der Betrogne» des Goetheschen Epigramms, doch wurde er darum nicht dessen «Schelm» wie mancher Exrevolutionär.

Seine politische Karriere hatte er in der Haft beendet. Die USP war 1922 zerbrochen. Bei den Mehrheitssozialisten sah er so wenig seine künftige politische Heimat wie in der KPD. Die Sozialdemokratie verachtete er aus vollem Herzen, sicherlich billigte er das harsche Verdikt seines toten Mentors Gustav Landauer: «In der ganzen Naturgeschichte kenne ich kein ekelhafteres Lebewesen, als die sozialdemokratische Partei.» [195] Für den einstigen Räterepublikaner verband sich mit ihr die Erinnerung an bodenlosen Opportunismus, Taktieren, falsches Spiel, Unaufrichtigkeit und Verrat im April 1919, gemeine Rache an den alten und furchtsame Widerstandslosigkeit gegenüber den neuen Alliierten. Allein die Charakterlosigkeit der bayerischen SPD-Größen, die anfangs für die Räterepublik plädierten, aber rechtzeitig absprangen, Reichstruppen ins Land riefen und nach der Niederwerfung der Münchner Minirevolution nicht nur sich selber exkulpierten, vielmehr die Verbündeten von gestern schweigend der Verfolgung durch Stand- und Volksgerichte überließen, verbot dem Moralisten Ernst Toller jede Zusammenarbeit mit der SPD. Er verabscheute ihre hasenfüßige Kompromißbereitschaft, feige Nachgiebigkeit gegenüber der Reaktion und ihren unangebrachten Stolz auf eine (angeblich sachliche) ‹Realpolitik›. Nach dem «Preußenputsch» Franz von Papens schrieb Toller an Emil Ludwig:

Was sagen Sie zu den Ereignissen in Deutschland? Am 20. Juli [1932] *haben die Sozialdemokraten der deutschen November-Revolution den To-*

desstoß gegeben. Dieser Weg war (für lange Zeit) die letzte große historische Chance. Minister, die davon überzeugt sind, daß das Recht der Verfassung bei ihnen liegt, haben die verdammte Pflicht, ein Beispiel zu geben. Ein heroisches Beispiel! Was ist das für ein Heldentum, das sich vom Gegner bescheinigen läßt, man sei nur auf Androhung von Gewalt gewichen. Welch traurige Farce! – An diesem Tag hätte man die «Einheitsfront» des freiheitlichen Deutschland schaffen können. Diese «Front» wird nie theoretisch sich bilden, nur im Kampf konnte sie geschaffen werden.

Aber die Sozialdemokraten haben nicht umsonst 14 Jahre mit dem Kapitalismus paktiert, qui en mange, en meurt. (Wer davon ißt, stirbt daran.)[196]

Auch der Weg zur KPD war nicht gangbar. In München war Toller der entschiedenste und erfolgreichste Gegner des Zickzackkurses der Leviné-Gruppe gewesen. Sein rigoroser Pazifismus – 1926 schloß er sich der «Gruppe Revolutionärer Pazifisten» um Tucholsky und Ossietzky an – war für die militante, von der Notwendigkeit einer Gewaltlösung überzeugte KPD ohnehin kleinbürgerliche Irrlehre schlimmster Art. Die Kommunisten, welche die Massen als ihr Eigentum betrachteten, taten ihn als bourgeoisen Intellektuellen ab, der das Proletariat nicht kenne und dessen soziale Dramen darum mißlängen. Toller, der vor und nach 1933 Vereinigungen angehörte, die der KPD nahestanden, hätte Aufnahme in die Partei nur um den Preis eines spektakulären Widerrufs seiner Vergangenheit finden können. Dazu war er nicht bereit. Für die Sowjet-Union empfand er – merkwürdig blind für deren totalitäre Entwicklung – lebhafte Sympathien, er reiste 1926 und 1934 nach Rußland, sprach 1928 auf dem Berliner Gründungskongreß des «Internationalen Komitees der Freunde Sowjet-Rußlands» und unterschrieb 1930 die Resolution des «Internationalen Verteidigungskomitees für die Sowjet-Union» gegen «imperialistische Kriegstreiber».

Ein fellow-traveller, ein – mit Lenin zu sprechen – ‹nützlicher Idiot›? Nein, ein Linkssozialist, der sich seine geistige Unabhängigkeit als legitimen Luxus leistete, wohingegen die literarischen Parteisoldaten die Wonnen der Unterwerfung genossen und in der KPD emotionale Geborgenheit fanden. Ein arrivierter bürgerlicher Renegat, der sich in der Welt umsah, sobald sie ihm offenstand, und seine neue Freiheit in vollen Zügen genoß. Eine parteipolitisch ungebundene Existenz, während Freunde wie Piscator den Segen des Kollektivs priesen und auf den Zentralismus schworen. Ständig für die Sache der Arbeiterschaft engagiert – unveröffentlichte Korrespondenz aus den späteren zwanziger Jahren beweist es –, hatte Tollers Individualismus selbstredend nichts mit Rückzug auf sein Ego zu tun, nichts mit Flucht aus dem politischen Raum, mit der Rolle eines indifferenten Zuschauers. «Toller verlangte», schreibt Hermann Kesten, «der Dichter müsse unter allen Umständen Partei ergreifen oder zu einer Partei gehören, am besten zu seiner eigenen Partei.»[197] Was an einen Ausspruch Goethes kurz vor dessen Tod erinnert: «Die Leute wollen immer, ich soll auch Partei nehmen – nun gut, ich steh auf meiner

Mitte der dreißiger Jahre

Seite.»[198] Das Paradox – Ichbehauptung und Engagement – ist nur ein scheinbares. Was Toller 1932 über den spanischen Individualismus sagte, nämlich daß dieser *im Gegensatz zum asozialen und philiströsen Egoismus Mitteleuropas sozial* sei, trifft auf ihn selber zu: ... *seine Kräfte arbeiten gegen den Staat nicht gegen die Gesellschaft, gegen den Zwang nicht gegen die Gemeinschaft, gegen Versklavung nicht gegen Ordnung und Gliede-*

Toller in Rußland, 1926

rung.[199] Toller zeichnete in seiner Reisereportage über das neue Spanien – eine halbe Republik, welche im Begriff sei, die Fehler der deutschen zu wiederholen – das Bild eines statthaften Individualismus. Es ist eine Confessio des Autors: *Der Begriff des Individualismus ist in Deutschland anrüchig geworden. Es haftet ihm die Tendenz des Asozialen, des Eigenbrödlerischen, des Privatiertums an, man hat vergessen, daß der historische Individualist ein Revolutionär war, der gegen den Dogmatismus, gegen die Intoleranz kirchlicher und feudaler Satzung für Selbstverantwortung des Einzelnen, für die Freiheit des Geistes, für das Primat der Vernunft kämpfte. Ohne die großen Individualisten des 18. Jahrhunderts wäre Europa ärmer. Die den Individualismus generalisierend verurteilen, sehen nicht den Unterschied zwischen dem unhaltbaren, schädlichen, ja verbrecherischen Individualismus im Bezirk der Wirtschaft, des Schaffens und Verteilens von Nahrung, Kleidung, Wohnung, und dem Individualismus als Freiheits-, Form- und Erkenntnistrieb im Bezirk geistiger Menschheit.*[200]

18. Jahrhundert: Man hat auf Tollers Nähe zur europäischen Aufklärungs- und Humanitätsepoche hingewiesen, in der den Begriffen ‹Mensch› und ‹Menschheit› revolutionäre Sprengkraft eignete. Sie markierten in der Feudalzeit die Spitze des denkerischen Fortschritts, wäh-

rend sie jetzt nach dem Expressionismus, der sie noch einmal zu ihrer alten Größe erweckte, nur mehr als überholter, abstrakter ‹Idealismus› kleinbürgerlicher Literaten diffamiert werden. Walter Mehring erinnert sich in «Die verlorene Bibliothek» an eine Aufführung von *Masse – Mensch* und kommentiert Tollers unzeitgemäße Position in einem (mit Musil zu reden) Weltbürgerkrieg, ‹endlich aktuell› gewordenen ‹Glaubenskrieg› wie folgt: «Ungefähr so [wie der Namenlose] hatte auch der Großinquisitor Dostojewskijs eine unmenschliche Heilslehre gegen den Heiland begründet. Nur mit dem Unterschied, daß heute der Inquisitor und der Heiland als ein und dieselbe Person auftreten; gegen die Menschlichkeit als die ärgste Ketzerei; während Toller immer die Rolle des Gegenwärtigen, des Menschen über alles agierte.»[201] Derzeit säßen, meinte er, unabhängige, parteilose Köpfe wie Toller zwischen sämtlichen Stühlen. In der Tat ist dieser zwischen die Frontlinien der Bürgerkriegsparteien geraten – und blieb dort bis zuletzt.

Unermüdlich erhob Toller nach seiner Freilassung die Stimme gegen eine Rechtsdiktatur, beschwörend suchte er ethische Richtpfähle in eine

Toller um 1935

rapide verwildernde politische Landschaft einzurammen. Unverrückbares Maß blieb, wie in den Tagen des Expressionismus, das Ich mit seiner Gewissenserfahrung; letztere darf nicht, meinte er, durch Weltanschauungen und Doktrinen ersetzt werden, die durch ihren Totalanspruch die Menschen uniformieren und in neuer Gewaltherrschaft enden. Die persona, eine christlich-religiöse Vorstellung, bei Toller die von den Grundwerten Gerechtigkeit und Freiheit ‹durchtönte› Person, ist für ihn wesensgleich mit jenem *unbedingten Menschen, der zu seiner Idee hält.* Auf ihn wird sich Tollers *Offener Brief an Herrn Goebbels* nach der Bücherverbrennung (Mai 1933) berufen.[202] Die Unbedingtheit eines Realisten bzw. der Realismus eines Unbedingten bestimmte Tollers Wesen. Angesichts des realpolitischen Versagens der SPD[203] und der Stalinisierung der KPD[204] handelte der ethische Typus Toller historisch richtig, als er sich keiner der beiden großen Linksparteien zur Verfügung stellte. Seine Unbedingtheit hinderte ihn jedenfalls nicht, die deutsche Wirklichkeit in ihrer ganzen Gefahr zu erkennen, ermöglichte ihm vielleicht erst, das Aus-

Ernst Toller,
um 1930

maß kommenden Unheils zu begreifen. Die Voraussagen von *Reichskanzler Hitler* über eine Nazi-Schreckensherrschaft gingen in ihrer diagnostischen Schärfe weit über die Befürchtungen der ‹Realpolitiker› hinaus. Toller war der Realist, nicht jene. Mit meisterhafter Klarheit schrieb er im Herbst 1930:

Es ist an der Zeit, gefährliche Illusionen zu zerstören. Nicht nur Demokraten, auch Sozialisten und Kommunisten neigen zu der Ansicht, man solle Hitler regieren lassen, dann werde er am ehesten «abwirtschaften». Dabei vergessen sie, daß die Nationalsozialistische Partei gekennzeichnet ist durch ihren Willen zur Macht und zur Machtbehauptung. Sie wird es sich wohl gefallen lassen, auf demokratische Weise zur Macht zu gelangen, aber keinesfalls auf Geheiß der Demokratie sie wieder abgeben.

...

Reichskanzler Hitler wird die Errungenschaften der Sozialdemokratie, auf die die Partei so stolz ist, mit einem Federstrich beseitigen. Über Nacht werden alle republikanischen sozialistischen Beamten, Richter und Schupos ihrer Funktionen enthoben sein, an ihre Stelle werden fascistisch zuverlässige Kaders treten ... Wer heute über Reichswehr, Polizei, Verwaltung und Justiz verfügt, ist in normalen Situationen kaum mehr aus dem Sattel zu heben.[205]

Toller hatte soziologisch ebenfalls recht mit seiner Behauptung, das Bürgertum werde Hitler nicht mehr aufhalten – allenfalls wäre eine *Ein-*

Bühnenbild zu «Hoppla, wir leben!» und Piscator (Trickaufnahme)

Walter Mehring, der den Song «Hoppla, wir leben!» schrieb

heitsfront der freien Gewerkschaften die *einzige Macht, die noch ernsthaft mit dem Fascismus den Entscheidungskampf aufnehmen ... könnte*[206]. Die Punkte zeigen wohl an, daß er Zweifel an Republiktreue und Kampfwillen des Proletariats hatte, fürwahr nicht grundlos, wie sich erweisen sollte; sogar die Kommunisten, obgleich so stark wie nie zuvor, vergaßen 1933 jene ‹proletarische Ehre›, die ihnen 1919 in München so heilig gewesen war. Toller hielt den Nazismus für eine ansteckende Seuche, er wähnte Europa *vor einer Periode des europäischen Fascismus* angelangt, als einer *Periode des vorläufigen Untergangs sozialer, politischer und geistiger Freiheit, deren Ablösung nur im Gefolge grauenvoller, blutiger Wirren und Kriege zu erwarten ist.*[207] Nicht weniger als eine Vorhersage des Zweiten Weltkriegs! Sein Warnruf schloß: *Die Uhr zeigt eine Minute vor zwölf.*[208] Knapp zwei Jahre danach, Juni 1932, erhob der visionäre Realist erneut

Toller mit Walter Hasenclever, 1928

Toller mit fünf Matrosen seines Stücks «Feuer aus den Kesseln». Theater am Schiffbauerdamm, Berlin 1930

warnend seine Stimme in der Betrachtung *Zur deutschen Situation*: Die Unfähigkeit der Linksparteien, ihre Rivalität zu beenden und sich als Volksfront gegen Hitler zu verbünden, deprimierte ihn, in der *Schaffung einer einheitlichen Organisation der gesamten Arbeiterklasse mit klar umrissenen, konkreten Kampfzielen* sah er das einzig verbliebene *Mittel, den Sieg des Faschismus zu vereiteln*.[209] Sein scharfer Blick war nicht gefragt.

Die achteinhalb Jahre zwischen Freilassung und Exil waren die einzige Zeit seines Lebens, in der Toller sich in Deutschland frei bewegen, schreiben, wirken konnte. Zwar war die vita reducta im weltvergessenen Winkel zwischen Donau und Lech literarisch produktiv gewesen, doch fehlte dem Häftling der direkte Kontakt mit dem Theater, der ungehinderte Gedankenaustausch mit anderen Autoren. Keines seiner Stücke hatte er bisher auf der Bühne gesehen, an den Aufführungen nicht mitarbeiten können. Der aufgestaute Bewegungsdrang entlud sich, sobald Toller frei war, in unbändiger Reiselust: Er war fast pausenlos unterwegs, hielt auf Lesereisen und Vortragstourneen Ernte, genoß seinen Ruhm. Er glänzte auf zahllosen Veranstaltungen, rechnete sich zweifelsohne zur Prominenz der Weimarer Republik. Der Reisekoffer stieg zum fortan wesentlichsten

Utensil seiner Existenz auf. Doch die Motorik, die ihn bis nach Amerika und Rußland trieb, hatte noch nicht das Hektische, Atemlose der späteren Exilzeit, er jagte noch nicht nahezu zwanghaft durch die Welt wie nach 1933. Er schwärmte voller Lust in alle Himmelsrichtungen aus, Geldsorgen kannte er offenbar nicht – er forderte saftige Vortragshonorare –, die Frauen rissen sich um die Berühmtheit, und am Strand von Taormina benahm er sich sogar, wie Ludwig Marcuse ironisch schilderte[210], gesittet zu einem leibhaften Hohenzollernprinzen, sobald Schock und Blutandrang abgeklungen waren: Prominenz verpflichtet. Soweit dieser Mensch überhaupt Glück empfinden, sorglos genießen konnte, tat er das in seinen ersten freien Jahren.

Dem Theater blieb er verfallen, die seit der Kindheit bestehende Faszination durch das Spiel hielt an. Neue Lyrik entstand nicht, weder ein Roman noch ein (geplanter) Erzählband erschienen, aber vom Dramatiker Toller wurden zwischen 1927 und 1932 fünf neue Werke aufgeführt. Das erste in Freiheit entstandene – *Hoppla, wir leben!* (1927) – war zugleich das gewichtigste, dank der Regiekünste Piscators auch das aufsehenerregendste und erfolgreichste. Das mit Hasenclever und Mehring verfaßte Lustspiel *Bourgeois bleibt Bourgeois*, Anfang 1929 im Berliner Lessing-Theater auf dem Spielplan, ist nicht erhalten. In den drei Jahren republikanischer Agonie kam jeweils im Herbst ein neues Schauspiel heraus: 1930 im Berliner Theater am Schiffbauerdamm das Matrosenstück *Feuer aus den Kesseln*, 1931 im Nationaltheater Mannheim *Wunder in Amerika* (die mit Kesten dramatisierte Lebensgeschichte Mary Baker-Eddys, der Gründerin der «Christian Science»), 1932 – schon nicht mehr in Deutschland – *Blinde Göttin* unter Fehlings bewährter Regie.

Hoppla, wir leben! – Mehring steuerte sein so betiteltes Chanson bei, das im 3. Akt für Stimmung sorgte – ist Tollers Antwort auf die Neue Sachlichkeit. Dieses Stück – eine Mischung aus expressionistischem Stationendrama, Revue und (inzwischen bereits modischen) Filmsequenzen – konnte gleichermaßen als herkömmliche Charaktertragödie, Revolutionsdrama – richtiger: dessen Satyrspiel – wie Politthriller, ja als Heimkehrerdrama gespielt werden. Der Protagonist, Karl Thomas, kehrt 1927 nach acht Jahren Irrenhaus in eine postrevolutionäre Republik zurück – der autobiographische Anstoß ist offensichtlich. Der Exrevolutionär versteht die neue Welt nicht, in die er entlassen ist. Denn die Revolution, sein heiligstes Gut, scheint für die ehemaligen Kampfgefährten nicht bloß acht Jahre, vielmehr unendliche Zeit zurückzuliegen. Für ihn sind sie Abtrünnige, Verräter. Die einen – SPD- und einstige USP-Leute – verwalten den neuen Staat und stützen sich dabei auf jene Herrschaftseliten, die sie ehedem erbittert bekämpften; die anderen – kommunistische Parteiarbeiter – wirken glanzlos an der gewerkschaftlichen Basis, warten günstigere Zeiten ab, wollen für einen neuen Umsturzversuch besser gerüstet sein als 1918. Für Karl, den Typus des Unbedingten, ist im Irrenhaus die Uhr stehengeblieben, er und seine einstigen Genossen leben asynchron, in zwei Zeitaltern. Fremdheit breitet sich zwischen ihnen aus, Karl stürzt in

«Hoppla, wir leben!» in einer Aufführung des Alten Theaters in Leipzig, 1927

Einsamkeit und Verzweiflung. Er ist das Fossil einer entschwundenen Ära. Der Autor wollte ihn freiwillig ins Irrenhaus zurückkehren lassen, der Regisseur setzte seinen Freitod als – wie er meinte – psychologisch angemessenere Lösung durch.[211]

Als mentaler Gegensatz figuriert der frühere Mitkämpfer und jetzige Minister Wilhelm Kilman. Karl hielt ihn für exekutiert, hatte ihn all die Jahre als Märtyrer verehrt und betrauert. In Wahrheit war Kilman in der Zelle, mit einem Todesurteil rechnend, übergelaufen, hatte insgeheim widerrufen, um seine Haut zu retten. Möglich, daß Toller bei diesem Verräter an Erhard Auer (1874–1945), den SPD-Führer und Innenminister der ersten Revolutionsregierung Eisners 1918/19, dachte. Sicherlich wollte er in Kilman aber die ganze Spezies der ‹Auerochsen› treffen. *Hoppla, wir leben!* ist Tollers Abrechnung mit dem knieweichen, überzeugungslosen *Managertyp* der Republik, dem allseits konditionierten, jeden Unbedingten verlachenden Macher. Kilman repräsentiert für Karl – wörtlich – die *Neue Sachlichkeit*. Revolution und Räterepublik bedeuten den Kilmans nicht mehr denn eine *romantische Episode der Jugend*, für sie ist Karl ein armer, bemitleidenswerter *Phantast*, dem man bestenfalls ein Almosen anbietet, aber beileibe keine Mitarbeit am neuen Staat gestattet. Für die in Karls Augen verkehrte Welt plädiert aus ganzer Überzeugung der Psychiater Professor Lüdin, der es für völlig normal erachtet, daß Kilman jetzt *versippt mit den Feinden von einst* ist.[212] Er hält solchen Egoismus für gesund, nicht jedoch Treue zur Revolution. Lüdin, dem Karl übergeben wird, vertritt die neue Weltanschauung der Sachlichkeit in Reinkultur: einziges Kriterium ist der Erfolg. Toller wendete den alten expressionistischen Kunstgriff der Inversion von normal/unnormal, gesund/krank an: den alle für anomal, ja irre halten, Karl Thomas, er ist der einzige tatsächlich Normale und Gesunde in dieser perversen Sachlichkeitswelt. Der desillusionierte Exhäftling Toller darf natürlich nicht mit Karl schlicht ineinsgesetzt werden: Karl Thomas ist eine tragische Figur, die nur in einem höheren Sinne recht behält, nämlich als Vertreter des Unbedingten, ethisch Absoluten.

Kilmans Tragik ist, daß er gleich zwiefach gehaßt, verabscheut wird, daß man ihm von zwei Seiten nach dem Leben trachtet: Karl will den Apostaten der Revolution töten, die Adels- und Offizierskamarilla die von ihr verachtete Plebejer-Exzellenz beseitigen. Kilman sucht seine na-

Toller bei den Regiearbeiten zu «Hoppla, wir leben!»

türlichen Gegner, die revanchelüsternen Rechten, durch Bevorzugung vor den Klassengenossen, Ämter und Machtbeteiligung in die Republik zu integrieren. Zugleich will er einer Erpressung (sein einstiger Verrat ist noch nicht publik) zuvorkommen und schanzt deshalb den Mitwissern lukrative Posten zu. Das Integrationskalkül erweist sich als verhängnisvolle Fehlspekulation, naive Illusion (die der Zuschauer auf die gesamte Politik der SPD seit 1918 ausdehnen soll). Für Bayern lag der Beweis längst vor: Ministerpräsident Hoffmann und Innenminister Auer, die Totengräber der Räterepublik, waren bereits 1920 vom reaktionären Ministerium v. Kahr weggefegt worden. Die braven SPD-Politiker bewertete Toller – irrig? – als zeitweilige Platzhalter der alten Herrschaftsklasse, sie dienten als demokratische Feigenblätter gegenüber den Siegermächten des Weltkriegs und als Steigbügelhalter einer künftigen Diktatur. Aber das Volk? Verblendet und verführt, will es den Kilman-Attentäter am liebsten lynchen. Der ermordete SPD-Minister erhält von dieser Republik sein Denkmal, die feudalen Mordanstifter enthüllen es mit einer phrasenstrotzenden Laudatio auf ihr Opfer – eine Groteske. Schon 1925

Szene aus «Hoppla, wir leben!». Leipzig, 1927

Toller auf dem Kongreß der Liga gegen koloniale Unterdrückung, 1927. Neben ihm Jawaharlal Nehru und seine Schwester Krishna, rechts von ihm Georg Ledebour

hatte Toller die Aufklärungsarbeit des fleißigen Biographisten Emil Ludwig, der 1926 ein Buch über Wilhelm II. herausbrachte, *um dieses Volkes willen, das lieber blind als sehend sein möchte*, für überaus notwendig gehalten.[213] Die Massen in *Hoppla, wir leben!* wollen nicht Aufklärung, sondern Ruhe, sie driften in der Wahl nach rechts ab: Kriegsminister Exzellenz Wandsring wird neuer Präsident der Republik. Gemeint war Hindenburgs Wahl zum Reichspräsidenten 1925 als Kandidat der Rechtskräfte und Nachfolger des SPD-Führers Friedrich Ebert, den eine widerwärtige Verleumdungskampagne psychisch ermordet hatte. Nachdem Hindenburg, der ‹Sieger von Tannenberg›, für die deutsche Knechtsseele ein ‹Ersatzkaiser›, am ‹Tag von Potsdam› Hitler den Segen der Nation erteilt hatte, schrieb Toller: *Und der gute alte Hindenburg! Wie richtig haben Sie ihn immer gesehen! Auf seinem Grabstein sollten die Worte stehen: Hort der Nibelungentreue!*[214]

Porträtbüste von Renée Sintenis, 1926. Städtische Kunsthalle Mannheim

Im Exil

Als am 27. Februar 1933 der Reichstag brannte, befand sich Toller zufällig in der Schweiz. So entging er der Verhaftung und – wie Erich Mühsams und Carl von Ossietzkys Schicksal lehrte – dem nahezu sicheren Tod. In Tollers Berliner Logis tauchten Häscher mit dem Haftbefehl auf und konfiszierten seine Habe. Eine kleine Manuskriptkiste hatte seine Sekretärin Dora Fabian in Sicherheit gebracht; sie wurde dafür mit Gefängnis bestraft. Daß Toller in der Nacht nach dem Brand mit Günther Weisenborn im Gespräch durch Berlin gewandert sei, wie dieser 1947 behauptete[215], ist eine Mystifikation (und ein besonders skurriler Auswuchs der Toller-Legende). Als die neuen Herrschenden am 10. Mai vor den Universitäten ihnen mißliebige Literatur verbrannten – symbolisches Autodafé von deren Produzenten –, waren Tollers Bücher darunter. Auf einer Liste von 33 Ausgebürgerten stand am 23. August sein Name neben den Schriftstellerkollegen Heinrich Mann, Feuchtwanger und Tucholsky.

Zwei Wochen nach den Bücherverbrennungen fand in Ragusa (Dubrovnik) der Jahreskongreß des PEN-Clubs statt. Gegen den Widerstand der deutschen Delegation erhielt der Exilautor Toller Redeerlaubnis, was zum Auszug der deutschen, französischen und österreichischen Delegierten führte. Am zweiten Kongreßtag klagte Toller im Namen aller ‹verbrannten Dichter› den – bereits von Juden und Nazigegnern gesäuberten – deutschen PEN an, allerdings in Abwesenheit der offiziellen deutschen Vertreter, die abgereist waren. Heuchlerisch hatten sie zuvor einer Resolution zugestimmt, die den Künstler verpflichtete, «den Geist in seiner Freiheit zu erhalten, damit die Menschheit nicht zum Raub der Unwissenheit, der Schlechtigkeit und der Furcht werde»[216]. Nun warf ihnen Toller die Frage nach, was sie denn praktisch täten, um der Maxime Geistesfreiheit Geltung in Hitlers Staat zu verschaffen. Seinem Protest gegen *diesen Ausbruch des Wahnsinns und der Barbarei*[217] war es zu verdanken, daß der unter Galsworthys Vorsitz bislang harmlose Literatenklub, dessen Dasein sich fast ganz in Dinner-Geselligkeit erschöpft hatte, die von Hitler ausgehende Gefahr begriff und eine geistespolitisch entschiedene Position bezog. *Der Schriftsteller ist einzig dem Geist verpflichtet. Wer glaubt, daß neben der Gewalt auch moralische Gesetze das Leben regieren, darf nicht schweigen*[218], forderte Toller und berief sich auf illustre Kronzeugen des Glaubens *an eine Welt der Freiheit, der Gerechtigkeit, der Menschlichkeit* wie Sokrates, Giordano Bruno und Spinoza, die einst als *Männer des*

Geistes und der Wahrheit verfolgt worden waren, *weil sie sich nicht beugten und eher den Tod wählten als die Lüge.*[219] Der 18. Jahrhundert-Moralismus und expressionistische ‹Geist›-Idealismus Tollers hatten über Nacht wieder ihren anerkannten Stellenwert.

Was heute beinahe wie hohles Pathos, leere Rhetorik klingt, war damals beschwörende *Aufrüttelung* durch einen *Vertriebenen*, der stellvertretend *für diese Millionen, die heute keine Stimme haben*[220], sprach, der die gänzliche Abschaffung der Freiheit in Deutschland klarer voraussah als die meisten Schriftsteller anderer Länder. Die apokalyptische Vision eines Weltfaschismus scheint zwischen Sätzen wie diesen auf: *Wahnsinn beherrscht die Zeit, Barbarei regiert die Menschen. Die Luft um uns wird dünner und dünner. Täuschen wir uns nicht, die Stimme des Geistes, die Stimme der Humanität wird von den Mächtigen nur dann beachtet, wenn sie als Fassade dient für politische Zwecke. Täuschen wir uns nicht, die*

Ernst Toller 1933 in Jugoslawien

Deutsche Schriftsteller im Schweizer Exil, 1934: Emil Ludwig, Graf Metternich, Thomas Mann, E. M. Remarque, ein Sohn Ludwigs, Ernst Toller

Politiker dulden uns nur und verfolgen uns, wenn wir unbequem werden. Aber die Stimme der Wahrheit war niemals bequem.[221] Mit einem Schlage hatten die Literaten wieder eine Funktion: sie bildeten die «humanistische Front».[222]

Auf dem PEN-Kongreß ein Jahr später in Edinburgh konnte sich Toller in seinen düsteren, vielfach verlachten Voraussagen bestätigt fühlen. Er wies auf das traurige Geschick jener nicht rechtzeitig emigrierten deutschen Autoren und Publizisten hin, die seit fast anderthalb Jahren im Gefängnis saßen oder in KZ-Lagern gequält und gedemütigt wurden. Bei einer einzigen Gegenstimme – des als Schriftsteller unbekannten schweizerischen Delegierten Peter Meyer, dessen Kongreßberichte in der «Neuen Zürcher Zeitung» die in ganz Europa vorhandenen heimlichen Sympathien für Hitler belegen[223] – nahm der PEN eine Resolution an, die Toller namens der deutschen Exilautoren eingebracht hatte und in der die Freilassung eingekerkerter deutscher Autoren gefordert wurde.[224] Daneben machte Toller die Verfolgung unabhängiger Köpfe jenseits der Grenzen des Hitler-Reiches publik: noch in mittelamerikanischen Bananenrepubliken wurde die deutsche Diplomatie aktiv, um Auslieferung oder wenigstens Ausweisung von Emigranten und die Unterdrückung ihrer Werke bzw. Stellungnahmen zu erreichen. Solche Pressionen hatten, was Tol-

Toller um 1935 in Südfrankreich mit Stefan Lorant

lers Furcht vor weltweiten Geländegewinnen des Faschismus recht gab, nicht selten Erfolg.

Mit dieser Brandmarkung des NS-Regimes – vielleicht die früheste auf internationalem Parkett überhaupt – wollte Toller das Weltgewissen wekken. Aufklärung war die Losung. Allzu optimistisch glaubte er, daß sich das bloßgestellte Regime genieren würde. Er hatte das Beispiel Georgi Dimitrovs (1882–1949) vor Augen, den das Leipziger Reichsgericht 1933 von der Anklage, den Reichstagsbrand angestiftet zu haben, freisprach. *Selbst Diktatoren fügen sich der Meinung der Welt*[225], frohlockte Toller, leider vorschnell. Jeder totalitäre Staat wünscht, daß seine Verbrechen im Dunkeln bleiben – sie ins grelle Licht der Weltöffentlichkeit zu ziehen, war Tollers Strategie. Doch schon in Edinburgh klang erste geheime Skepsis und Entmutigung an, denen er mit einem trotzigen Dennoch begegnete: *Wie oft verzweifeln wir an der Gewalt und Wirkung dessen, was wir tun. Aber Beispiele, wie das eben erwähnte* [Dimitrov], *sollten uns Kraft und Vertrauen geben und uns nicht ermüden lassen. Nein, auch wir Vertriebenen dürfen nicht müde werden. Damit geben wir uns auf und verlassen jenes Deutschland, von dem Sie nichts in den offiziellen Zeitungen lesen: Das leidende Deutschland, das im geheimen kämpfende Deutschland, das größer ist, als Sie ahnen.*[226] Dessen lautestes Sprachrohr wurde allmählich unbequem, im März 1935 versuchte angeblich ein Naziagent Toller zu verschleppen – der Anschlag mißlang.

Im Exil, der *Vorhut der Freiheit*, trat Tollers literarische Arbeit – das *Schauen* – hinter politischer Aufklärung und praktischer Hilfe – dem *Tun* – deutlich zurück. Es entstanden offenbar nur noch die pazifistische Komödie *Nie wieder Friede!* und die Märtyrertragödie *Pastor Hall*. Hielt es Toller, wie später Hermann Broch, für unstatthaft, in einer der Barbarei anheimfallenden Welt sich primär mit Literatur, etwas anscheinend ganz überflüssig Gewordenem, abzugeben? Verzagte er vielleicht vor den geringen Aufführungs- und Publikationschancen von Exilautoren? War er durch das geringe Interesse selbst deutschsprachiger Bühnen an seinen neuen Stücken in den letzten Jahren vor Hitler entmutigt? Oder nahm seine Gestaltungskraft, wie sogar Freunde meinten, zusehends ab, hatte sich Toller ‹ausgeschrieben›, waren seine Gefühlskräfte verbraucht? Auf solche Fragen kann es keine sichere Antwort geben. Möglicherweise schrieb er *Nie wieder Friede!* nur, um der geliebten Kindfrau Christiane, der jüngsten von drei Töchtern des Kunsthistorikers Otto Grautoff (1876–1937), eine Bombenrolle zu verschaffen: die Siebzehnjährige wollte Schauspielerin werden. Tollers Komödie, zu der Hanns Eisler die Bühnenmusik komponierte, datiert spätestens von 1935 (als Eisler in die Sowjet-Union übersiedelte). Dieses Warnstück vor einem Hitler-Krieg, in dem es außer ein wenig Situationskomik kaum etwas zu belachen gab, wurde Juni 1936 mit geringem Erfolg in London aufgeführt, mit Christiane, inzwischen Frau Toller, in der zentralen weiblichen Rolle einer jungen Liebenden. *No more Peace!* erschien, Christiane gewidmet, 1937 in einem Londoner Verlag auch als Buch. Das Antikriegsdrama Tollers ist beinahe ein Lehrstück (an Brechts Diktion gemahnen einige Songs). Franziskus von Assisi, der die personae dramatis anführt, kommentiert im Schlußbild mit dem Seufzer *Welch eine bittere Komödie!* zugleich das pessimistische Lustspiel selber, das konträr zur gleichzeitigen ‹optimistischen Tragödie› kommunistischer Parteiautoren steht.[227] Des Autors Pessimismus betrifft den Wankelmut des Volkes, das heute für den Frieden eintritt, morgen für Krieg stimmt und übermorgen erneut auf Frieden schwört. Das Volk ist leicht verführbar und sehnt sich überdies insgeheim nach dem ‹großen Mann›, dem starken Führer; es pflegt selbst in demokratischen Zeitläuften weiterhin seinen traditionellen Heldenkult. Solches skeptische Menschenbild demonstriert der bittere Realist Toller mittels eines Experiments, bei dem Napoleon, Widerpart des an *das Gute* glaubenden Franziskus, aus dem Himmel eine fingierte Kriegserklärung an eine euphorische Friedensdemonstration schickt. Ungeachtet seiner Aktualität besaß das Stück allegorisch-überzeitlichen Charakter. Toller mußte seinen Vorausblick auf den Zweiten Weltkrieg persönlich mit wachsender Resignation bezahlen. Sie ist in seiner ernsten Komödie nur

Das sogenannte Hochzeitsfoto: Toller mit Christiane, geb. Grautoff

schlecht kaschiert. Sein Herz war auf Franziskus' Seite, sein Kopf mußte Napoleon recht geben, dessen Zynismus er verabscheute. Das Stück wirkt dramaturgisch so gebrochen, wie sein Verfasser damals gespalten war, als er in Figuren wie Franziskus, Noah, Rahel eine spes contra spem, Hoffnung wider alle Hoffnung, zu verkörpern suchte. Tollers zweites Exilstück, die dreiaktige Tragödie *Pastor Hall*, wurde vermutlich 1938 konzipiert. Die von Stephen Spender besorgte englische Übersetzung dieses Stücks sah Toller nicht mehr auf der Bühne. Ein in England 1940 gedrehter gleichnamiger Film hatte sowohl in den USA, trotz eines von der Präsidentengattin Eleanor Roosevelt gesprochenen Prologs, als auch in Mexiko (unter dem Titel *El Martyr*) mit der politischen Zensur zu kämpfen. Ein Publikumserfolg wurde weder die Bühnen- noch die Filmfassung. *Pastor Hall* teilt die Schwächen fast aller Exilliteratur: Da unmittelbare Anschauung der veränderten Lebenswirklichkeit und eigene Erfahrung der Diktatur fehlen, steht es meist schlecht um Atmosphäre und Detailtreue. Unstimmige Dinge stören, blanke Unwahrscheinlichkeiten verraten die geographische Entfernung ebenso wie die innere Entfremdung des Autors vom Schauplatz der geschilderten Ereignisse. Das Ganze wirkt konstruiert, unerlebt, bleibt raschelndes Papier. Hinzu kommen schwererträgliche melodramatische Züge. Für einen primär aus dem Gefühl schaffenden Schriftsteller mußte sich das Fehlen der konkreten Erlebnisgrundlage negativ auswirken. Obgleich wahre Begebenheiten im Zentrum stehen, bleibt *Pastor Hall* ein Drama über Hitler-Deutschland, nicht aus dem Hitler-Staat.

Toller verlegte das Geschehen ins früheste Stadium der Naziherrschaft, etwa 1935, zurück. Das Modell für den Helden dieses Widerstandsdramas, der protestantische Pfarrer Martin Niemöller in Berlin-Dahlem, Initiator des Pfarrernotbundes und damit der Bekennenden Kirche, war wie Toller 1914 Kriegsfreiwilliger gewesen und hatte als U-Boot-Kommandant gleichfalls in vorderster Linie mitgekämpft. Das erklärt vielleicht die Namensgleichheit Friedrich Halls mit dem stark autobiographischen Friedrich des Erstlings *Die Wandlung* zwanzig Jahre zuvor.[228] Der Christ Hall legt kompromißlos Zeugnis für seinen Glauben ab und hält am Evangelium, das Liebe gebietet und Tötung verbietet, um jeden Preis fest, auch um den des eigenen Lebens. Er ist Tollers letzte Gestaltung des unbedingten Menschen. Hall sieht sich als *Pastor*, als Hirten seiner Gemeinde in die Nachfolge Christi gestellt, er macht als Berufener radikal ernst mit seinem Beruf als Religionsbeamter. Somit unterscheidet er sich fundamental von der Negativfigur des Pfarrers bzw. Priesters als des autoritätsfrommen Staatsgehilfen, wie er im Expressionismus, auch in Tollers früheren Stücken, auftrat.

Außer den zwei Stücken entstanden im Exil an Dichtungen lediglich das kleine Chorwerk *Weltliche Passion* (1934 in den Moskauer «Deutschen Blättern», 1935 in der Amsterdamer «Sammlung») und ein den Reichstagsbrand behandelnder lyrischer Zyklus *Die Feuerkantate* (1937 in «Das Wort», Moskau). Die *Briefe aus dem Gefängnis*, ein mit Kesten 1934 in London geschaffener Band, müssen nach Auswahl und Überarbeitung als halbfiktionales Werk gelten, sie entsprechen kaum üblichen Editionskriterien. Drehbücher, an denen Toller 1936/37 für die Filmgesellschaft Metro-Goldwyn-Mayer schrieb, zeitweise im kalifornischen Santa Monica, sind verschollen; fertiggestellt wurde ein Lola-Montez-Script, das jedoch – angeblich seines politischen Gehaltes wegen – unverfilmt blieb, wie fast alle Drehbücher deutscher Exilautoren, die Hollywood zeitweilig unter Vertrag genommen hatte.

Das erste Exiljahr verbrachte Toller zumeist in der Schweiz (Zürich, im Tessin und im Berner Oberland). Im Sommer 1933 unternahm er im Anschluß an den PEN-Kongreß eine Lesereise durch Jugoslawien. Anfang 1934 siedelte er nach England über, das deutschen Exilierten weniger Schwierigkeiten für ihre Arbeit bereitete als die restriktive Schweiz. England wurde Toller für den Rest seines Lebens zur Wahlheimat, sofern bei einem so unruhigen Menschen, der nie ein Haus, möglicherweise nicht einmal eine Wohnung sein eigen nannte, überhaupt von Heimat die Rede sein kann. Er soll die britische Staatsbürgerschaft erworben haben.[229] In Großbritannien fand Toller sowohl einen Verleger als auch einige Bühnen, die sich – meist mit wenig Erfolg – für ihn einsetzten. Unterbrochen wurden die Exiljahre in London von zahlreichen kürzeren Reisen sowie monatelangen Aufenthalten in Frankreich, auf der iberischen Halbinsel und in Amerika.

Der Überraschungserfolg in Ragusa, auf den wechselseitig Austritt und Ausschluß der deutschen PEN-Sektion aus dem renommierten interna-

«No more Peace!», 1. Bild. Theater des Vassar College, 1937

Das Hotel «Mayflower» in New York

tionalen Literatenclub folgten, hatte in Toller Hoffnungen auf eine geschlossene Phalanx der Geistigen in aller Welt gegen den heraufziehenden Totalitarismus geweckt. Doch wurde Toller rasch enttäuscht, unerwarteterweise ausgerechnet von den eigenen Schicksalsgefährten:

Das Sterben meiner Mutter, die Hinrichtung der sechs jungen Menschen in Köln (der jüngste 18, der älteste 28), die Morde an Freunden – jeder Tod bedeutet mir ein Vermächtnis. Wilde Tiere töten, wenn sie Hunger haben, diese Barbaren morden aus satter Rache und freuen sich ihrer Rache. Daß sie aus der Erde Europas gerissen werden mit Blatt und Wurzel, auch dafür will ich leben.

Ich habe zuweilen daran gedacht, die Emigration zu sammeln, mit der strengen Disciplin einer Legion – es wäre ein vergebliches Beginnen. Die Emigration von 1933 ist ein wüster Haufe aus zufällig Verstoßenen, darunter vielen jüdischen verhinderten Nazis, aus Schwächlingen mit vagen Ideen, aus Tugendbolden, die Hitler verhindert Schweine zu sein, und nur wenigen Männern mit Überzeugungen. Deutsche, allzu Deutsche.

Ideen haben ist zu wenig, jede Tatsache zerbeult sie, sie schwimmen, nach einem bekannten französischen Chanson, davon wie Jungfernschaften. Entscheidend ist Charakter und Ideen zu haben, d. i. Überzeugung. (Ideen halten wir, Überzeugungen halten uns.)

Ich war in Deutschland ein Rebell. Ich werde es nun in England sein. Und wo sich die sinnvolle Gelegenheit bietet, handelnd eingreifen.

Ich habe mich lange mit dem Konflikt zwischen Schauen und Tun geplagt, ich fand vor zwei Jahren auf dem Boden meiner Mutter das Notizbuch des zwölfjährigen Knaben, was zwanzig Jahre später mich bedrängte, war darin vor- und aufgezeichnet. Heute ist der Konflikt keiner mehr. Jedes zu seiner Zeit. Hier der Traum, dort die Tat. Und als ideales Bild die Vereinigung beider im eigenen geformten Leben.[230]

Trotz seines Scheiterns als Praeceptor der Exilierten verfiel Toller nicht in Untätigkeit, zog sich nicht ins Emigrantencafé zurück, sondern blieb politisch und sozial aktiv wie kein zweiter deutscher Exilautor der Vorkriegsjahre. Die Gründung eines deutschen Exil-PEN Ende 1933 ging mit auf seine Initiative zurück. In England bemühte sich Toller bei Regierungsstellen um eine generelle Arbeits- und Aufenthaltserlaubnis für Flüchtlinge aus dem Hitlerreich. Er half, wo immer er konnte. René Schickele empfahl 1935 nicht ohne Grund dem Verleger Kurt Wolff, sich an Toller um Hilfe zu wenden: «Er ist ja die Gefälligkeit selbst und kennt einen Haufen Leute.»[231] Als Hubertus Prinz zu Löwenstein später in New York die «American Guild for German Cultural Freedom» ins Leben rief, die an deutsche Kultur-Emigranten Scholarship Awards – 30 Dollar im Monat, für zunächst drei Monate – vergab, setzte sich Toller mit schriftlichen Gutachten, den in Amerika beliebten ‹Credits›, warm für Georg Kaiser, den Komponisten Ernst Křenek, Walter Mehring, den nach Prag geflüchteten John Heartfield, Karl O. Paetel und Alfred Kantorowicz ein. Der letztere glossierte 1935 süffisant Tollers Agilität, die Uneigennützigkeit und Selbstbestätigung, Altruismus und Eigenwerbung verquickte: «Ernst Toller ist hier, voll von Plänen, Ehrengast verschiedener kultureller und politischer Institutionen. Er diniert oft zu seinen Ehren, spricht oft und ist mit seiner Publicity vollauf beschäftigt.»[232] Popularität war freilich in Amerika, wie der ebenso selbstlose wie kluge Toller wußte, Vorbedingung dafür, etwas zu erreichen. Er selbst nahm anscheinend keine Unterstützung der «Guild» oder anderer Hilfseinrichtungen an, benötigte auch keine Geldspenden: spätestens seit 1936 besaß er Einkünfte aus rund 50 Vorträgen, zwei Jahresverträge mit Metro-Goldwyn-Mayer brachten ihm 50000 Dollar ein – eine damals gewaltige Summe.

Eine Vortragsreise von Oktober 1936 bis Februar 1937 durch die Vereinigten Staaten, Kanada und Mexiko sowie eine humanitäre Hilfsaktion zugunsten der hungernden spanischen Zivilbevölkerung gegen Ende des Bürgerkriegs waren Tollers letzte Aktivitäten. Im Rückblick kommt ihnen sinnbildliche Bedeutung zu: als Redner und als Helfer, als politischer Aufklärer und als sozialer Aktivist verausgabte Toller seine körperlichen Kräfte und psychischen Energien, *Schauen* und *Tun* vereinend. Er trieb Raubbau an seiner zarten und anfälligen Konstitution. Geradezu zwangsläufig führte die Überanstrengung zu tödlicher Erschöpfung.

«Geistige Emigration». Gemälde von Arthur Kaufmann, Triptychon (rechter Flügel), Städtisches Museum Mülheim (Ruhr). In der untersten Reihe (v. l.) Kurt Weill, Max Reinhardt, Helene Thimig, Ernst Toller

Auf seiner von einer Public-Relations-Firma generalstabsmäßig vorbereiteten Vortragstournee sprach Toller «fast täglich und oftmals mehrmals täglich»[233], in englischer Sprache, die er gut beherrschte. Drei Standardthemen wurden angeboten: *Hitler – das Versprechen und die Wirklichkeit, Sind wir verantwortlich für unsere Zeit?* und *Der Ort des Theaters in unserer sich wandelnden Welt*. Doch die Palette der Themen war, nach rund 80 Nachlaßmanuskripten zu urteilen, erheblich breiter. Höhepunkte dieser Monate waren Tollers Teilnahme am traditionellen «Deutschen Tag» (14. Dezember 1936) in New York, wo er seine Rede aggressiv als *Unser Kampf um Deutschland*[234] angekündigt hatte, und eine Massenversammlung im Shrine Auditorium in Los Angeles (12. Januar 1937). Diese Volksansprachen besaßen eine praktisch-politische Qualität, gerade weil sie unverzichtbare Moralprinzipien propagierten. Die öffentliche Meinung der USA war durchaus noch unsicher und in ihrer Stellung zu Hitler gespalten, es existierten – nicht anders als in Europa – latente faschistische Unterströmungen, ja es gab gewisse Sympathien für die ‹nationale Erneuerung› Deutschlands. Vor allem die deutschsprachige Presse Amerikas wurde auf Umwegen aus Goebbels' Propagandaministerium gespeist. Die große Bevölkerungsgruppe der Deutschamerikaner stand keineswegs geschlossen auf seiten der – großenteils jüdischen – Emigranten, zumal Antisemitismus einen Faktor des amerikanischen Lebens jener Jahre bildete. Toller bestätigte demnach nicht eine ohnehin einhellige Anti-Hitler-Front in ihren festen Überzeugungen, sondern trieb handfeste Aufklärung in einem zwischen Bewunderung für und Abscheu vor dem deutschen Diktator schwankenden Volk. Wie ernst das ‹Dritte Reich› diese Aktivität des ‹Edelbolschewisten› Toller nahm, geht daraus hervor, daß seine Auftritte möglichst verhindert werden sollten. Über seine Reisen, jede öffentliche Äußerung und deren Echo mußte peinlich genau nach Berlin an die Außen- und Innenministerien sowie die Gestapo rapportiert werden.[235]

Die Nahrungsmittelhilfe für Spanien, ausdrücklich der Zivilbevölkerung auf beiden Seiten der Front zugedacht, wurde vom Hitler-Staat, der in den Bürgerkrieg eingegriffen hatte, mit Hohn bedacht. Als «Ernst Tollers Schnorr GmbH» tat das Berliner Blatt «Der Angriff» Tollers Hilfsaktion ab (30. Oktober 1938). Sein Plan war ein tollkühner Alleingang. Toller ließ sich unter anderem in das von Franco-Truppen eingeschlossene Madrid einfliegen und richtete über dessen Rundfunksender einen Bittappell an Präsident Roosevelt (26. August 1938); die Ausstrahlung wurde in Amerika nicht aufgefangen, war jedoch Startschuß für die nun von Toller in Frankreich vorbereitete internationale Aktion. Er mochte sich dabei den Norweger Fridtjof Nansen (1861–1930) zum Vorbild genommen haben, der 1921 bis 1923 ausländische Unterstützung in das hungernde Rußland geleitet hatte und hierfür mit dem Friedensnobelpreis ausgezeichnet worden war. Ziel von Tollers Ein-Mann-Aktion war ein Fünfzig-Millionen-Dollar-Fonds zum Ankauf von Nahrungsmitteln. Im September warb er in England für seinen Plan, bereiste anschlie-

Die Totenmaske

ßend die skandinavischen Hauptstädte Oslo, Stockholm und Kopenhagen. Definitive Zusagen wurden auf Grund der heiklen außenpolitischen Lage von einer Rückendeckung durch die USA abhängig gemacht, verständlich genug, denn Hitler stand dank der Appeasement-Politik Frankreichs und Englands auf dem Gipfel seines außenpolitischen Erfolgs. So unternahm Toller Mitte November 1938 eine Kampagne in Amerika, um die Beteiligung des mächtigsten Landes der Welt zu erreichen. Von der Presse unterstützt, drang er bis ins Weiße Haus vor, dessen Reaktion über Erfolg oder Nichterfolg entschied. Kurz vor Jahresende ließ Roosevelt ein Organisationskomitee bilden, der Erfolg schien damit zum Greifen nahe. Doch bevor die Hilfe wirksam wurde, hatte Franco Ende März 1939 die Republik niedergewalzt, Madrid erobert. Die USA erkannten das faschistische Regime umgehend an; mit der Republik aber war auch Tollers Hilfsprojekt zu Grabe getragen. Das Scheitern des sechsmonatigen *Ringens eines Menschen* – letzte und intensivste *Aufrüttelung* des einstigen Expressionisten! – war ein harter Schlag. Den Plan, die humanitäre Unternehmung in einem Buch zu dokumentieren, gab Toller auf. Darin spiegelt sich seine tiefe Resignation nach diesem weiteren Etappensieg des Faschismus. Er ahnte, daß Hitlers Eingreifen in den spanischen Bürgerkrieg die Generalprobe für einen Zweiten Weltkrieg darstellte.

Toller kehrte zur Literatur zurück. Verbissen mühte er sich in den folgenden Wochen um die beste Schlußfassung von *Pastor Hall*. Seine letzte

Tollers Urnengrab im Ferncliff Mausoleum

Rede hielt er im Mai auf dem New Yorker PEN-Kongreß, danach reiste er mit Schriftstellerkollegen nach Washington zu einem Empfang im Weißen Haus. Diesmal betrat er es als ein Geschlagener, ein Verlierer. Wenige Tage darauf, am 22. Mai, ging er, am Rande seiner Kräfte und entmutigt, zur Mittagsstunde in den Freitod. Er hatte seit Jahren damit gedroht, angeblich auch bereits Selbstmordversuche unternommen, war aber selbst hierbei als ‹Theatraliker› nicht recht ernst genommen worden.

Außer den beruflichen Enttäuschungen – die ganzen dreißiger Jahre hindurch war er als Dramatiker recht erfolglos geblieben –, dem ihn niederdrückenden Scheitern seiner kräftezehrenden Spanien-Aktion, dem drohenden Verlust seiner Prominentenrolle und einem generellen politischen Pessimismus angesichts Hitlers Erfolge trugen bei diesem ‹Gefühlsmenschen› auch private Lebensumstände zur schließlichen Katastrophe bei. Seine innere Vereinsamung nahm zu. Die einzige und kinderlose Ehe, mit einer um mehr als zwanzig Jahre jüngeren Frau geschlossen, war gescheitert, woran nicht er allein die Schuld trug, wie es meist heißt. Sowohl Ernst wie Christiane Toller waren zutiefst unsichere Menschen, die auf pausenlose Bestätigung und Rückhalt von außen angewiesen waren. Sie vermochten beieinander nicht Ruhe und Kraft zu finden – die klassische Mésalliance zweier Schwacher. Christiane trachtete durch Anlehnung an andere Männer ihr Selbstwertgefühl zu stärken, suchte in einer langen Kette flüchtiger Beziehungen Ichbestätigung. Daß ausgerechnet der Frauenliebling Toller an dieses nymphenhafte Geschöpf geriet, gehört zu den Ironien der Comédie humaine. Über Christianes Untreue und Tollers tiefe Verletzung in bisweilen demütigenden Situationen haben die Freunde bisher nobles Schweigen gewahrt. Für den ‹theatralischen› Einschlag von Tollers ganzer Existenz zeugt noch die melodramatische Schlußpointe, daß Christiane nicht an den Sarg des toten Gatten eilte, sondern am Tage der New Yorker Trauerfeier Premiere hatte, als jugendliche Liebhaberin auf einer Hollywooder Bühne stand – doch Karriere als Schauspielerin hat sie trotz dieses Opfers für Thalia nicht gemacht, ihr Talent reichte nicht aus.

Wie sehr Toller, einst Repräsentant der gescheiterten Revolution, inzwischen erneut zu einer deutschen Symbolfigur, nunmehr der des Exils, geworden war, bezeugt das starke Echo, das seine Verzweiflungstat in West und Ost fand. In den Monaten nach der – wie Oskar Maria Graf in seiner Grabrede sagte[236] – «vielleicht in einem unkontrollierten Augenblick überwältigender Melancholie» erfolgten Selbstauslöschung erschienen bewegte Nachrufe und Berichte so unterschiedlicher Geister wie Johannes R. Becher, Kurt Hiller, Alfred Wolfenstein, Klaus Mann, Lion Feuchtwanger, Ferdinand Bruckner und Kurt Kersten.[237] Die Nachricht von Ernst Tollers Tod hatte wie ein Donnerschlag gewirkt, Schock und Entsetzen bei den Exilierten ausgelöst. Noch der Abgang des ‹Theatralikers› von der verdunkelten Bühne seines Lebens wurde, ob gewollt oder nicht, zu einem öffentlichen Ereignis.

Jedoch, ‹Symbolgestalten› scharen meist keine treuen ‹Gemeinden› um sich, die ihr Andenken pietätvoll pflegen, sondern werden anonym. Es gab lange Zeit kein ‹Dichtergrab› für Toller. Seine Asche wurde nicht abgeholt, sie harrte in einem Abstellraum des bei New York gelegenen Krematoriums eines zahlungswilligen Interessenten; wer endlich ein schlichtes Urnengrab, billigste Ausführung, ermöglichte und wann das geschah, ist nicht bekannt.[238]

Anmerkungen

1 «Die Weltbühne», 21. Jg. (1925), 1. Halbj., Nr. 1, S. 17. Nachdruck in: «Literaturwissenschaftliches Jahrbuch der Görres-Gesellschaft», Bd. 5 (1964), S. 243f

2 «The Saturday Review of Literature» (New York), 31. März 1934. Auch in: «Der Fall Toller». Hg. von Wolfgang Frühwald und John M. Spalek. München 1979. S. 198ff

3 Mehring verwendet hier den antagonistisch (im Sinne einer Entgegensetzung von Masse und Mensch) gemeinten Titel des Dramas *Masse – Mensch* mißverständlich

4 Die auf Tollers Ergreifung ausgesetzte Summe betrug 10000 Mark (Gedächtnisfehler Mehrings)

5 Walter Mehring: «Die verlorene Bibliothek. Autobiographie einer Kultur». Hamburg 1952. S. 155f

6 Ernst Niekisch: «Erinnerungen eines deutschen Revolutionärs». Bd. 1: «Gewagtes Leben. 1889–1945». Köln 1974. S. 98f. Siehe auch Gustav Regler: «Das Ohr des Malchus». Frankfurt a. M. 1975. S. 75ff

7 «Der Fall Toller», a. a. O., S. 12

8 Ärztliches Gutachten von Dr. med. Julian Marcuse, Sanatorium und Kurheim Ebenhausen, vom 19. Juli 1919 (bei den Prozeßakten)

9 «Psychachetisch»: offenbar irrtümlich für «psychasthenisch»

10 Staatsarchiv für Oberbayern, München, Staatsanw. Mü. I, Nr. 2242/II. (Die Akten des Hochverratsprozesses gegen Toller befinden sich zum größeren Teil in der Library of Congress, Washington, zum kleineren Teil im Staatsarchiv für Oberbayern in München.)

11 Prozeßbericht der «Münchener Post» vom 17. Juli 1919. Nachgedruckt in Ernst Toller: *Gesammelte Werke*. Hg. von John M. Spalek und Wolfgang Frühwald. München 1978. Bd. 1, S. 49

12 Prozeßbericht der «Münchner Neuesten Nachrichten» vom 16. Juli 1919

13 Oskar Maria Graf: «Wir sind Gefangene. Ein Bekenntnis aus diesem Jahrzehnt». Berlin 1928 (Ausgabe Büchergilde Gutenberg). S. 197

14 Gedächtnisrede, gehalten am 24. Januar 1947 im Deutschen Theater Berlin, veröffentlicht in der Zeitschrift «Sie», Jg. 1947, Nr. 5, S. 7 (2. Februar 1947) unter dem Titel «Ein Dichter in der Zeit: Ernst Toller». – Johannes R. Becher: «Dem guten Kameraden». In: «Internationale Literatur» (Moskau), Bd. 9 (1939), H. 7, S. 135. – Kurt Kersten: «Zum Ende Ernst Tollers». In: «Die Zukunft», 2. Juni 1939. – Ludwig Marcuse: «Mein zwanzigstes Jahrhundert». Zürich 1975. S. 72, 205. – Oskar Maria Graf: «Totenrede für Toller», gehalten in New York am 27. Mai 1939. Zit. nach Martin Reso: «Der gesell-

schaftlich-ethische Protest im dichterischen Werk Ernst Tollers». Diss. Jena 1957. – Klaus Mann: «Der Wendepunkt». Frankfurt a. M. 1952. S. 392f

15 Das Folgende stützt sich auf die umfassende Kreisbeschreibung: «Antlitz und Geschichte des Kreises Kolmar (Posen)». Hg. von der Heimatkreisgemeinschaft Kolmar (Posen). Kiel 1970. S. 136ff (mit ca. 60 Fotos von Samotschin). – Vgl. ferner Hans Schmidt: «Die Geschichte des Deutschtums in Samotschin und Umgebung» (1939)

16 «Antlitz und Geschichte des Kreises Kolmar (Posen)», a. a. O., S. 65

17 Freundliche Mitteilung von Max Buchholz vom 3. August 1981

18 Siehe Wolfgang Rothe: «Der Expressionismus». Frankfurt a. M. 1977. S. 243

19 *Gesammelte Werke* Bd. 4, S. 30ff

20 Ebd., S. 12f

21 Der Samotschiner Wilhelm Rach, dem als Kind Toller das Leben rettete und der im Krieg als Aushilfskraft im Kontor der Firma Toller beschäftigt war, schrieb am 27. Juli 1981 an den Verfasser: «In Samotschin und Umgebung hatte die Familie Toller einen guten Ruf und war sehr beliebt, weil sie sich auch für die armen Leute eingesetzt und viel gespendet hat. Es wohnten in Samotschin viele und reiche Juden. Besonders möchte ich das gute und herzliche Verhältnis zwischen Juden und Deutschen in Samotschin hervorheben.»

22 *Gesammelte Werke* Bd. 4, S. 13

23 Ebd., S. 21

24 Siehe «Antlitz und Geschichte des Kreises Kolmar (Posen)», a. a. O.

25 *Gesammelte Werke* Bd. 4, S. 12

26 Ebd.

27 Ebd.

28 *Gesammelte Werke* Bd. 4, S. 168. Möglicherweise handelt es sich um den von Niekisch erwähnten Träger der goldenen Tapferkeitsmedaille («Erinnerungen eines deutschen Revolutionärs», a. a. O., Bd. 1, S. 249)

29 *Gesammelte Werke* Bd. 4, S. 35

30 Ebd., Bd. 2, S. 18

31 Auffällig die Titelgleichheit mit Johannes R. Bechers lyrischem Debüt «Der Ringende. Kleist-Hymne» aus dem Vorjahr 1911

32 *Prosa Briefe Dramen Gedichte*. Reinbek 1961. S. 439

33 Brief von Erwin Piscator an Hans Sahl vom 1. Juni 1939 (unveröffentlicht): «Sie hat sehr gelitten, soll ihn sehr geliebt haben, mußte ihn aber verlassen, weil ein Zusammenleben nicht möglich war. Sie ging von ihm, weil er schon viele Selbstmordversuche gemacht hatte. Ging sie darum von ihm oder ging sie trotzdem von ihm? Das ist für Außenstehende schwer zu beurteilen.»

34 *Gesammelte Werke* Bd. 4, S. 34

35 Aussage (ohne Namensnennung) bei den Prozeßakten

36 *Gesammelte Werke* Bd. 4, S. 36

37 Ebd., S. 30

38 Ebd., S. 30ff

39 Ebd., S. 40

40 Ebd., S. 50

41 Ebd., S. 53

42 *Vormorgen*. Potsdam 1924. S. 14 (nicht in *Gesammelte Werke*)

43 *Gesammelte Werke* Bd. 4, S. 69

44 Ebd., S. 70
45 Ebd.
46 «Der Fall Toller», a. a. O., S. 12
47 *Gesammelte Werke* Bd. 4, S. 77
48 Ebd., S. 80
49 Ebd., S. 81
50 Ebd., S. 82
51 Margarete Turnowsky-Pinner: «A student's friendship with Ernst Toller». In: «Leo Baeck Institute Year Book», Bd. 15 (1970), S. 215ff
52 Turnowsky-Pinner, a. a. O., S. 216: «It was rather a pretentious name which we never used.»
53 «Der Fall Toller», a. a. O., S. 31ff
54 Ebd., S. 32
55 Ebd., S. 32f
56 Ebd., S. 33f. Das «Heidelberger Tageblatt» vom 20. Dezember 1917 brachte eine von «stud. jur.» Ernst Toller unterzeichnete «Erwiderung» auf die (negative) Erklärung des Ausschusses der Heidelberger Studentenschaft zum Bund
57 *Gesammelte Werke* Bd. 1, S. 31ff
58 Ebd., S. 32
59 Ebd.
60 Regler, a. a. O., S. 77f
61 *Gesammelte Werke* Bd. 1, S. 34ff
62 Ebd., Bd. 4, S. 83
63 Ebd., S. 86
64 Ebd., S. 88
65 *Vormorgen*, a. a. O., S. 41
66 *Gesammelte Werke* Bd. 2, S. 29
67 «Der Fall Toller», a. a. O., S. 99
68 Siehe Wolfgang Rothe: «Tänzer und Täter». Frankfurt a. M. 1979. S. 178ff
69 Der Hereroaufstand 1904 in der Kolonie Deutsch-Südwestafrika und Erster Weltkrieg sind in Bild 3 kontaminiert
70 *Gesammelte Werke* Bd. 2, S. 40
71 Ebd., S. 43
72 So auch in den Dramen «Das letzte Gericht» (1919) von Julius Maria Becker und «Der Findling» (1922) von Ernst Barlach
73 *Gesammelte Werke* Bd. 2, S. 46
74 Siehe Tollers Anmerkung von 1919 zu seinem Landauer-Brief: *Gesammelte Werke* Bd. 1, S. 35
75 Ebd. Bd. 2, S. 50
76 Ebd., S. 61
77 Im folgenden, zit. nach Günther Rühle: «Theater für die Republik 1917–1933 im Spiegel der Kritik». Frankfurt a. M. 1967. S. 156–164
78 Marcuse, a. a. O., S. 254
79 Heinrich Mann: «Geist und Tat» (1910). In: «Macht und Mensch». München 1919. S. 1ff. Auch in: «Der Aktivismus 1915–1920». Hg. von Wolfgang Rothe. München 1969. S. 23ff
80 «Der Aktivismus 1915–1920». Zum Dichter als ‹Führer› s. Rothe, «Tänzer und Täter», a. a. O., S. 34ff

81 Kurt Kreiler: «Die Schriftstellerrepublik». Berlin 1978

82 Laut Prozeßbericht der «Münchner Neuesten Nachrichten» vom 16. Juli 1919 sprach Weber von «Revolutionen, deren Zweck es sei, daß die Intellektuellen ihren Mund spazieren gehen lassen, und deren Lasten dann das Proletariat zwanzig bis dreißig Jahre lang auf seinem Rücken zu tragen habe»

83 *Gesammelte Werke* Bd. 4, S. 124

84 Im Stadtarchiv München liegt ein von den Historikern bisher ignoriertes handschriftliches Blatt des Inhalts: «Parole: Trotzki, (ausgegeben f. d. 30. 4.)» Darunter: «Genossen und Kameraden: Weiterer Kampf ist nutzlos! Legt die Waffen nieder! Kein unnützes Blutvergießen!» Es folgt, von Egelhofers Hand: «Verblutet Euch nicht. Euer Blut ist zu kostbar. R. Egelhofer. 1. 5. 19». Dieser Befehl zur Feuereinstellung widerlegt die kommunistische Geschichtsschreibung, die einen Kampf ohne Kapitulation suggeriert, eindeutig. Der Endkampf wurde von verzweifelten Rotarmisten auf eigene Faust ausgetragen, stand also nicht unter Führung der KPD.

85 *Gesammelte Werke* Bd. 1, S. 165ff (*In Memoriam Kurt Eisner*, Rede 1929); Bd. 4, S. 116ff

86 Sämtlich aufgeführt in John M. Spalek: «Ernst Toller and his critics». Charlottesville 1968. S. 195ff

87 *Gesammelte Werke* Bd. 4, S. 136

88 Ebd., S. 133

89 «Revolution und Räterepublik in München 1918/19 in Augenzeugenberichten». Hg. von Gerhard Schmolze. München 1978. S. 303

90 *Gesammelte Werke* Bd. 4, S. 143

91 Ebd., S. 138f

92 Ebd., S. 147

93 Zur Versorgungslage in München s. *Gesammelte Werke*, Bd. 4, S. 130, 144, 151. Die kommunistische Geschichtsschreibung behauptet hingegen, daß eine ausreichende Ernährung der Bevölkerung gewährleistet und das Waffenverhältnis erfolgversprechend waren

94 *Gesammelte Werke* Bd. 4, S. 153f. Tollers handschriftliches Rücktrittsschreiben vom 26. April 1919 befindet sich bei den Prozeßakten

95 *Gesammelte Werke* Bd. 4, S. 153

96 Ebd., S. 155

97 Ebd.

98 Ebd.

99 Vgl. die Toller noch immer intransigent attackierende Geschichtsklitterung von Hans Beyer: «Von der Novemberrevolution zur Räterepublik in München» (Berlin [Ost] 1957). Die Angriffe auf Toller hielten die ganzen zwanziger Jahre über an: Paul Werner (= Paul Frölich): «Die Bayerische Räte-Republik. Tatsachen und Kritik». Leipzig 1920; Rosa Leviné: «Aus der Münchner Rätezeit». Berlin 1925; Hans Wollenberg: «Als Rotarmist vor München». Berlin 1929. – Toller verfaßte zu seiner Rechtfertigung um 1925 eine kurze Darstellung, die jedoch offenbar nicht von ihm veröffentlicht wurde: *Zur bayrischen Räterepublik (Legende und Geschichte)*. In: *Gesammelte Werke* Bd. 1, S. 51ff. Die Autobiographie *Eine Jugend in Deutschland* deckt eine Anzahl schlimmer Fehler der (kommunistischen) zweiten Räteregierung auf

100 Johannes (Hans) Reichel (1892–1958) ist durch Stephan Hermlins Erzählung «Reise eines Malers in Paris» (1947) in die deutsche Literatur eingegangen. Neudruck in Hermlin, «Lebensfrist». Berlin 1980. S. 7ff, 204

101 Der Denunziant mit dem Operettennamen erhielt möglicherweise nie das Kopfgeld: er floh noch im Juni aus Deutschland, bevor er die Prämie beim Taxamt der Polizeidirektion München beheben konnte. Die bayerische Bürokratie bemühte sich über österreichische Ämter, ihm den Betrag ins Ausland nachzuschicken (Dokumente bei den Prozeßakten)

102 Die Erschießungsmauer ist «im Zuge der umfangreichen Renovierungs- und Neubauarbeiten schon vor vielen Jahren abgebrochen worden» (Brief der Justizvollzugsanstalt München vom 27. März 1981 an den Verf.). Von der Mauer sind in Stadelheim «weder heimliche noch offizielle Bilder vorhanden» (Brief vom 2. April 1981). Auf die Anregung des Autors, eine Gedenkstätte für die Toten von 1919 zu errichten, erfolgte der Hinweis, «daß es hier bereits eine Gedenkstätte für Opfer der Gewaltherrschaft von 1933–1945 gibt, zu denen sicher auch frühere Opfer gerechnet werden können»

103 *Gesammelte Werke* Bd. 2, S. 314

104 Zit. nach: *Prosa Briefe Dramen Gedichte*, a. a. O., S. 485

105 «Revolution und Räterepublik ...», a. a. O., S. 322f

106 *Gesammelte Werke* Bd. 4, S. 138f

107 Ebd., Bd. 1, S. 49

108 Ebd., Bd. 5, S. 35

109 Ebd., Bd. 4, S. 222f

110 Ebd., Bd. 5, S. 36 (Brief an Frau T. D.), 38

111 Ebd., S. 36

112 S. S. Lerch, geb. Rabinowitz, russische Jüdin, Teilnehmerin an der Revolution von 1905, Gattin eines Privatdozenten der Universität München, verübte Ende März 1918, 31 Jahre alt, in Stadelheim Selbstmord. Siehe *Gesammelte Werke* Bd. 4, S. 89, ferner Kurt Eisner: «Gesammelte Schriften». Berlin 1919. Bd. 1, S. 201f («Ein Opfer»); Eisner: «Eine russische Märtyrerin auf deutschem Boden» (S. 202)

113 *Prosa Briefe Dramen Gedichte*, a. a. O., S. 307. In der Textversion von *Gesammelte Werke* (Bd. 2) fehlt die mittlere Zeile des Zitats (S. 82)

114 *Gesammelte Werke* Bd. 2, S. 85

115 Ebd., S. 86

116 Ebd., S. 93

117 Ebd., S. 107

118 Ebd., S. 108

119 Ebd., S. 108f

120 «Die Weltbühne», 23. Jg. (1927), 1. Halbj., Nr. 25, S. 969f

121 «Die Weltbühne», 21. Jg. (1925), 2. Halbj., Nr. 42, S. 621

122 «Die Weltbühne», 23. Jg. (1927), 1. Halbj., Nr. 5, S. 172ff (*Gesammelte Werke* Bd. 1, S. 86ff), Nr. 18, S. 696f

123 «Die Weltbühne», 23. Jg. (1927), 1. Halbj., Nr. 9, S. 325ff; *Gesammelte Werke* Bd. 1, S. 63ff

124 *Gesammelte Werke* Bd. 1, S. 92

125 Die frühesten und umfänglichsten Dokumentationen legte der Heidelberger Privatdozent für Statistik Emil Julius Gumbel (1891–1966) vor: «Zwei Jahre

politischer Mord» (1921), «Vier Jahre politischer Mord» (1922, Reprint Heidelberg 1979) und «Verschwörer» (1924, Reprint Heidelberg 1980)

126 «Die Weltbühne», 20. Jg. (1924), 2. Halbj., Nr. 42–52

127 Kurt Tucholsky: «Gesammelte Werke in 10 Bänden». Hg. von Mary Gerold-Tucholsky und Fritz J. Raddatz. Reinbek 1975. Bd. 5, S. 253ff

128 Thomas Mann: «Gesammelte Werke in 13 Bänden». Frankfurt a. M. [2]1974. Bd. 11, S. 762ff

129 *Gesammelte Werke* Bd. 3, S. 123

130 «Die Weltbühne», 27. Jg., (1931), 2. Halbj., Nr. 41, S. 552ff, *Gesammelte Werke* Bd. 1, S. 107ff

131 *Gesammelte Werke* Bd. 1, S. 111

132 Ebd., S. 110

133 Ebd., Bd. 5, S. 85

134 Ebd., S. 66

135 Ebd., S. 132

136 Ebd., S. 153

137 Ebd., S. 152f

138 Ebd., Bd. 4, S. 212

139 Ebd., Bd. 5, S. 12

140 Ebd., Bd. 4, S. 205; Bd. 5, S. 53, 55

141 Ebd., Bd. 4, S. 206; Bd. 5, S. 54, 90f, 157

142 Ebd., Bd. 5, S. 126

143 Ebd., Bd. 4, S. 225

144 Ebd.

145 Ebd.

146 Ebd., Bd. 5, S. 49f

147 Ebd., S. 53

148 Ebd., S. 84

149 Ebd., S. 185

150 Ebd., S. 68

151 Ebd., S. 77

152 Ebd., S. 111

153 Ebd., S. 114

154 Siehe «Der Fall Toller», a. a. O., S. 197, ferner S. 122ff, 127, 128

155 «Verhandlungen des Bayerischen Landtages» Bd. 5, S. 67ff. (Mündlicher Bericht des Ausschusses für Verfassungsfragen zu den Anträgen der Abg. Niekisch und Genossen betreffend Strafvollzug an den politischen Gefangenen in der 112. Sitzung vom 9. März 1922.) Zu Toller S. 74ff und 81. – Einer Reinwaschung der Vollzugspraxis diente die vom Bayerischen Staatsministerium der Justiz am 23. Dezember 1921 dem Landtag vorgelegte «Denkschrift über die Erfahrungen beim Vollzuge der Festungshaft» in: «Verhandlungen des Bayerischen Landtages» Bd. 6, S. 413ff (Beilage 2155). Die Diskrepanz zwischen dieser regierungsamtlichen Darstellung und den Berichten verschiedener Niederschönenfelder Häftlinge kann größer nicht sein

156 *Gesammelte Werke* Bd. 5, S. 71

157 Ebd., Bd. 4, S. 213

158 Tucholsky, a. a. O., Bd. 3, S. 101

159 Vgl. *Gesammelte Werke* Bd. 5, S. 71

159a Ebd., Bd. 4, S. 234
160 Vgl. das Poem *An die Dichter* in: *Vormorgen* (1924), S. 20
161 *Gesammelte Werke* Bd. 2, S. 360f
162 Ebd., Bd. 5, S. 29
163 Ebd., S. 38
164 Ebd., S. 39
165 Ebd., S. 59
166 Ebd., S. 26
167 Ebd., S. 116
168 Ebd., S. 192
169 Ebd., S. 116f
170 Ebd., S. 181f
171 Ebd., S. 167
172 Ebd., S. 181
173 Ebd., S. 177
174 Ebd., S. 191
175 Die berühmte Novellensammlung des Bischofs Matteo Bandello (1485–1562), aus der schon Shakespeare den Romeo-und-Julia-Stoff entnahm, erschien in den Jahren 1919/20 in nicht weniger als vier verschiedenen deutschen Übertragungen (Floerke, Brie, Mittler, Seliger), von denen eine in Tollers Hände gelangt sein dürfte und als Quelle für seine Burleske diente. Januar 1920 geschrieben, erschien sie erst 1925 im Druck
176 *Gesammelte Werke* Bd. 5, S. 60
177 Carel ter Haar: «Ernst Toller». München 1977. S. 216
178 Ebd.
179 Ebd.
180 *Gesammelte Werke* Bd. 5, S. 160
181 Ebd., Bd. 2, S. 361
182 «Der Fall Toller», a. a. O., S. 137f
183 *Gesammelte Werke* Bd. 4, S. 226
184 Ebd., Bd. 5, S. 177ff
185 Ebd., S. 152
186 Mehring, a. a. O., S. 155
187 Kurt Wolff: «Briefwechsel eines Verlegers 1911–1963». Hg. von Bernhard Zeller und Ellen Otten. Frankfurt a. M. 1966. S. 329 (Brief vom 12. November 1921)
188 *Gesammelte Werke* Bd. 2, S. 225f
189 Ebd., Bd. 4, S. 226, Bd. 5, S. 176f
190 Ebd., Bd. 5, S. 177
191 Ebd., Bd. 2, S. 244
192 Ebd., S. 218
193 Ebd., S. 245f
194 Ebd., Bd. 5, S. 154
195 Zit. nach Erich Mühsam: «Von Eisner bis Leviné». In: «Gesamtausgabe». Hg. von Günther Emig. Bd. 3. Berlin 1978. S. 289
196 Undatierter Brief, unveröffentlicht (Deutsches Literaturarchiv, Marbach). Die SPD hatte ein Bündnisangebot der KPD ausgeschlagen
197 Hermann Kesten: «Dichter im Café». München–Zürich 1965. S. 73

198 Goethe im Gespräch mit F. Förster am 4. August 1832
199 *Gesammelte Werke* Bd. 1, S. 247
200 Ebd., S. 246f
201 Mehring, a. a. O., S. 155
202 *Gesammelte Werke* Bd. 1, S. 77
203 Siehe zum Beispiel Heinrich August Winkler: «Die Sozialdemokratie und die Revolution von 1918/19». Berlin–Bonn 1979
204 Hermann Weber: «Die Wandlung des deutschen Kommunismus». 2 Bde. Frankfurt a. M. 1969
205 *Gesammelte Werke* Bd. 1, S. 70f
206 Ebd., S. 72
207 Ebd., S. 72f
208 Ebd., S. 73
209 Ebd., S. 75
210 Marcuse, a. a. O., S. 104
211 Siehe Erwin Piscator: «Das Politische Theater». Reinbek 1979. S. 146ff
212 *Gesammelte Werke* Bd. 3, S. 107 (4. Akt, 4. Szene)
213 Brief vom 28. Juni 1925, unveröffentlicht (Theatersammlung der Universität Hamburg)
214 Undatierter Brief, unveröffentlicht (Anm. 196)
215 Günther Weisenborn: «Ein Dichter in der Zeit: Ernst Toller» (s. Anm. 14)
216 *Gesammelte Werke* Bd. 1, S. 169ff. Erstdruck in «Die neue Weltbühne» (Prag), 2. Jg. (1933), H. 24 (15. Juni 1933). Auch in «Der deutsche PEN-Club im Exil 1933–1948». S. 27ff
217 *Gesammelte Werke* Bd. 1, S. 172
218 Ebd., S. 169
219 Ebd., S. 173
220 Ebd., S. 172
221 Ebd., S. 172f
222 Vgl. Walter A. Berendsohn: «Die humanistische Front». Zürich 1946
223 Siehe «Der deutsche PEN-Club im Exil ...», S. 111f
224 Ebd., S. 108
225 *Gesammelte Werke* Bd. 1, S. 175. Auch in «Der deutsche PEN-Club im Exil ...», S. 106
226 Ebd.
227 Den Terminus kreierte der Russe Wsewolod Wischnewskij mit seinem leninistischen Propagandastück «Optimistische Tragödie»
228 Ob man weitergehen und eine Identifizierung des Autors mit seinem bekennenden Christen Hall annehmen darf, ist kaum entscheidbar. Für Prinz Hubertus zu Löwenstein stand Toller, ähnlich Kafka, auf der Schwelle zum Absoluten (hier des christlichen Glaubens), ohne sie zu überschreiten. Er schrieb in «On borrowed peace» (New York 1942): «I knew from my last conservations with Toller that he, the poet, fighter, and humanist, had stood at the very threshold of truth; but his strength must have failed him when a final effort might habe pushed the Door wide open» (S. 254). In «Towards the further shore» (London 1968) heißt es erheblich eindeutiger: «Leaving Marxist materialism far behind, he had progressed more and more towards a spiritual, even a religious concept of man» (215f). Vgl. die deutsche Version «Botschafter

ohne Auftrag» (Düsseldorf 1972): «Den marxistischen Materialismus hatte Toller mehr und mehr überwunden und war zu einer geistigen, ja religiösen Weltauffassung gelangt» (S. 168). An dieser Ansicht hat Löwenstein in einem Brief vom 7. April 1981 an den Verfasser festgehalten

229 Ein entsprechendes Dokument ist nicht nachweisbar

230 Brief vom 2. Januar 1934 an Emil Ludwig (Deutsches Literaturarchiv, Marbach)

231 Brief vom 12. Oktober 1935, veröffentlicht in «Kurt Wolff. Briefwechsel eines Verlegers 1911–1963», a. a. O., S. 219

232 Brief vom 12. Oktober 1935 an Rudolf Olden, unveröffentlicht (Deutsche Bibliothek, Frankfurt a. M.)

233 John M. Spalek und Wolfgang Frühwald: «Ernst Tollers amerikanische Vortragsreise 1936/37». In: «Literaturwissenschaftliches Jahrbuch der Görres-Gesellschaft» 6 (1965), S. 270

234 Erstdruck in der Zeitschrift «Das Wort», 2. Jg. (1937). Auch in *Gesammelte Werke* Bd. 1, S. 198ff

235 Vgl. die Toller-Akte des Auswärtigen Amtes (Bundesarchiv Koblenz)

236 Siehe Anm. 14

237 Becher siehe Anm. 14; Hiller: «Köpfe und Tröpfe». Hamburg 1959. S. 294ff (Nachdruck); Wolfenstein, K. Mann, Feuchtwanger und Bruckner ließen sich 1939 in der «Neuen Weltbühne» vernehmen (H. 22, S. 677ff, H. 25, S. 784ff, H. 23, S. 713ff, H. 23, S. 715f, sämtlich 35. Jg.)

238 Am 15. Oktober 1941 schrieb Tollers Nichte Dr. med. Else Toller an Franz Werfel (unveröffentlicht, Alma-Mahler-Werfel-Archiv, Philadelphia):
«... Ich war in diesen Tagen mit Freunden auf dem Friedhof um Blumen auf Ernst Tollers Grab zu bringen, und wir kehrten sehr deprimiert zurück, denn es stellte sich heraus, daß dort aber auch nichts war – keine Urne, keine Inschrift, kein Stein, und daß jetzt nach 2½ Jahren die Asche noch in einem Aufbewahrungskeller war.
Ernst Tollers Witwe, Christiane Schönstedt-Grautoff, lebt heute in den ärmlichsten Verhältnissen in Connecticut und ist nicht imstande, etwas in dieser Sache zu tun.
Und Ernsts Freunde, die damals eine würdige Beisetzung finanziert hatten, hatten anscheinend nichts angeordnet über den Verbleib der Asche.
...
Nun bin ich überzeugt, daß Sie mit mir übereinstimmen, daß ein so prachtvoller Mensch wie Ernst Toller es bestimmt nicht verdient hatte, so äußerlich vergessen zu werden.
Daher möchte ich eine Sammlung unter seinen Freunden veranstalten. Nach Erkundigung bei dem Direktor des Friedhofes kostet eine Marmornische mit einfacher Inschrift oder eine schlichte Urne ein Minimum von 150–250 **$**. Dieser Betrag sollte doch aufzubringen sein unter denen, die ihn geschätzt und geliebt haben ...»
Sollte der geschworene Aktivismus-Gegner Werfel (vgl. seinen Streit mit Kurt Hiller in dessen erstem «Ziel»-Jahrbuch von 1916) dem lebenslangen Aktivisten Ernst Toller ein Grab ermöglicht haben, wäre das eine Schlußpointe von hintergründiger Ironie

Zeittafel

1893 Geboren am 1. Dezember in dem regional bedeutenden Marktort Samotschin (Szamocin), Kreis Kolmar (Posen), Regierungsbezirk Bromberg, Königreich Preußen. Jüngstes von drei Kindern des Gemischtwarenhändlers und Ackerbürgers Mendel (gen. Max) Toller, geb. 1856 in Tuchel, und seiner gleichaltrigen Frau Charlotte (gen. Ida), geborene Cohn, aus Samotschin. Heirat der Eltern 1885 in Samotschin. Ein älterer Bruder Heinrich und eine Schwester Herta (Geburts- und Todesjahre nicht bekannt). Die Familie gehörte zur jüdischen Gemeinde

1900 Schüler einer «höheren Privatschule» für Knaben des deutschsprachigen Bevölkerungsteils (1904: sechs Schüler, je drei evangelischer und mosaischer Konfession)

um 1905 Schwere Erkrankung und Operation (Näheres nicht bekannt), Unterbrechung des Schulbesuchs für etwa ein Jahr

1906 Realgymnasiast in Bromberg, Pensionsgast in privaten Häusern.
In den folgenden Jahren erste literarische Versuche, Theaterbegeisterung, Wunsch, Schauspieler zu werden, Beteiligung an Schüleraufführungen

1911 29. August: Tod des Vaters in Samotschin.
Die Mutter führt das Kolonialwarengeschäft am Markt weiter, betreibt zusätzlich ein Hotel und ist an der Getreidegroßhandlung des Sohnes Heinrich beteiligt

1913 Herbst (?): Schulabschluß. Über eine anschließende Militärdienstzeit ist nichts bekannt (kalendarisch wenig wahrscheinlich)

1914 Februar: Immatrikulation an der südostfranzösischen Ausländeruniversität Grenoble, vermutlich für Rechts- und Staatswissenschaften.
Reise durch den Midi.
Bei Kriegsausbruch via Genf Rückkehr ins Reich.
9. August: Kriegsfreiwilliger im 1. Bayerischen Fuß-Artillerie-Regiment (Standort München).
Der Firma Toller wird die Kartoffelversorgung Bochums übertragen, Bochumer Ratsherren kommen zu Besuch nach Samotschin

1915 Januar: Als Artillerist in der Etappe nahe der Festung Germersheim a. Rh. (linksrheinisches Bayern), danach bei Straßburg.
März: Toller meldet sich freiwillig an die Front, dreizehn Monate vor Verdun, teilweise in vorderster Linie, Tapferkeitsauszeichnung, Beförderung zum Unteroffizier.
Unpatriotisch-sachliche Kriegsgedichte entstehen

1916 Mai: Physischer und psychischer Zusammenbruch, Aufenthalt im Lazarett

Straßburg, Sanatorium Ebenhausen (Isartal), danach bei der Genesenden-Einheit des Regiments in Mainz

1917 Januar: Als nicht mehr k. v. (kriegsdienstverwendungsfähig) zum Studium an die Universität München beurlaubt, immatrikuliert sich an der juristischen und der philosophischen Fakultät.
Sommer: Gehört zum Kreis um den ‹Theaterprofessor› Arthur Kutscher, lernt Rilke und Thomas Mann kennen, Besuch im Hause Mann.
Arbeit an seinem ersten Drama (endgültiger Titel: *Die Wandlung*).
September: Teilnahme an der vom Verleger Eugen Diederichs arrangierten privaten Tagung auf Burg Lauenstein (Thüringen).
Herbst: Toller folgt dem Soziologen Max Weber nach Heidelberg, belegt dort Jura und Staatswissenschaften.
Ende November: Gründungsversuch eines «Kulturpolitischen Bundes der Jugend in Deutschland» zu Heidelberg, reichsweite Briefaktion Tollers um Zustimmung.
21. Dezember: Toller entweicht nach Berlin.
Bekanntschaft mit dem USP-Politiker Kurt Eisner, Jungfernrede auf einer geistespolitischen Veranstaltung

1918 Januar: Toller kehrt Eisners wegen nach München zurück, setzt aber sein Studium nicht fort. Tritt als pazifistischer Redner auf einer Studentenversammlung in der Universität auf. Erster Vortragsabend mit eigenen Dichtungen.
Ende Januar: Aktive Beteiligung am Munitionsarbeiterstreik, Massenansprache auf der Theresienwiese, Verhaftung nach Streik-Ende.
Mehrere Monate in der Militärarrestanstalt Leonrodstraße, zwischendurch im Lazarett.
Reaktivierung aus politischen Gründen, Dienst bei der Genesenden-Batterie in Neu-Ulm an der Grenze zu Württemberg.
Sommer: Besuch bei Gustav Landauer in Krumbach (Franken).
Auf Betreiben der Mutter mehrtägige Zwangsuntersuchung in der Psychiatrischen Universitätsklinik München durch Professor Emil Kraepelin.
Ermittlungsverfahren des Reichsgerichts Leipzig wegen Landesverrats, ohne Anklageerhebung eingestellt (wegen fehlender subjektiver Tatvoraussetzungen).
September: Entlassung aus dem Heer.
8./9. November: Erfährt in Landsberg (Warthe) vom Umsturz in München und Berlin, begibt sich über Berlin nach München und stellt sich Eisner zur Verfügung.
2. Vorsitzender des Vollzugsrates der Bayerischen Arbeiter-, Bauern- und Soldatenräte, damit zugleich Mitglied des Provisorischen Nationalrates des ‹Volksstaates› Bayern

1919 12. Januar: Als Kandidat der USP bei den Landtagswahlen im rechtsrheinischen Bayern erfolglos, vernichtende Wahlniederlage Eisners.
Anfang Februar: Als Delegierter Münchens zum Berner Kongreß der Zweiten Sozialistischen Internationale.
21. Februar: Rückkehr aus der Schweiz, Ermordung Eisners.
März: Toller löst Niekisch im Vorsitz der bayerischen USP ab.
6./7. April: Ausrufung der Räterepublik Bayern in München durch den Revolutionären Zentralrat (ohne Beteiligung Tollers).

Toller folgt Niekisch im Amt des Vorsitzenden des Zentralrates, wird damit nomineller Spitzenfunktionär der Räteregierung (Signatar ihrer Erlasse).
13. April: Erfolgreicher Putsch der Kommunisten gegen die (nichtkommunistische) Räteregierung, Toller verliert seine Funktionen und stellt sich als Soldat zur Verfügung.
Abschnittskommandant der Roten Armee an der Front vor Dachau (plebiszitär gewählt).
16./17. April: Erfolgreicher Kampf um Dachau.
26. April: Rücktritt als Kommandant aus politischen Gründen (die kommunistische zweite Räteregierung will keinen Verhandlungsfrieden mit der Bamberger ‹Landtagsregierung›).
Ende April: Toller verhindert Rachejustiz an Eisner-Mörder Graf Arco-Valley und SPD-Führer Auer, befreit nach den Erschießungen im Luitpold-Gymnasium die restlichen dort Inhaftierten.
1. Mai: Toller taucht bei der Eroberung Münchens durch Freikorps und Reichstruppen unter, wechselt mehrmals das Versteck, wird steckbrieflich gesucht.
4. Juni: Im Stadtteil Schwabing auf Grund einer Denunziation entdeckt und verhaftet. Einlieferung in das Gefängnis Stadelheim am Stadtrand.
14.–16. Juli: Unter Anklage des Hochverrats vor dem Standgericht beim Landgericht I München. Zur gesetzlichen Mindeststrafe (5 Jahre Festung) verurteilt.
24. September: Verlegung in das provisorische Festungsgefängnis Eichstätt (Mittelfranken).
30. September: Debüt als Theaterautor mit dem Schauspiel *Die Wandlung* in Karl-Heinz Martins expressionistischer Stilbühne Die Tribüne in Berlin (Hauptrolle Fritz Kortner, 115 Aufführungen). Bis 1924 folgen fünf weitere Inszenierungen im Reichsgebiet.
Oktober: Entstehung des zweiten Theaterstücks, *Masse – Mensch*, in der Eichstätter Zelle.
Erste Buchpublikation: *Die Wandlung* erscheint in der Reihe «Der dramatische Wille» des Kiepenheuer-Verlages.
Toller schreibt Gefängnislyrik und ein Puppenspiel *Die Rache des verhöhnten Liebhabers*

1920 Januar: Samotschin fällt an Polen, die Familie Toller verläßt mit einem Teil der deutschen Bewohner die Stadt.
3. Februar: Überführung in das Festungsgefängnis Niederschönenfeld bei Rain (Lech), dem Haftort für alle verurteilten Räterepublikaner.
6. Februar: Bei den kombinierten Landtags- und Reichstagswahlen jeweils erster Ersatzmann der USP.
15. November: Vor Gewerkschaftlern Uraufführung von *Masse – Mensch* im Nürnberger Stadttheater (Regie Friedrich Neubauer; vier Vorstellungen)

1921 Niederschrift des Dramas *Die Maschinenstürmer.*
21. Juni: Toller ersetzt den ermordeten Fraktionsführer der USP im bayerischen Landtag Karl Gareis, kann jedoch mangels Beurlaubung sein Mandat nicht ausüben.
29. September: Premiere der meisterhaften Einstudierung von *Masse – Mensch* durch Jürgen Fehling in der Berliner Volksbühne, erste öffentliche

Aufführung (ca. 70 Vorstellungen). Bis 1924 weitere siebzehn Inszenierungen in acht Ländern (u. a. in vier Städten der Sowjet-Union)

1922 30. Juni: Uraufführung der *Maschinenstürmer* im Großen Schauspielhaus Berlin (Regie: Karl-Heinz Martin).

6. August: Tollers Massenspiel *Bilder aus der großen französischen Revolution* auf dem 25. Gewerkschaftsfest in Leipzig.

Mit der Auflösung der USP endet Tollers parteipolitische Arbeit

1923 8. Mai: Uraufführung von *Die Rache des verhöhnten Liebhabers* durch die Freie Volksbühne Jena.

7. August: Freilichtaufführung des Massenspiels *Krieg und Frieden* auf dem 26. Gewerkschaftsfest in Leipzig.

19. September: Uraufführung von *Der deutsche Hinkemann* im Alten Theater Leipzig (Regie Alwin Kronacher, ca. 50 Vorstellungen). Bis 1932 folgen 38 Inszenierungen in dreizehn Ländern

1924 17. Januar: Die *Hinkemann*-Premiere im Staatstheater Dresden (Regie: Paul Wiecke) löst feindselige Reaktionen der nationalistischen Rechten aus (eine einzige Vorstellung).

10. Februar: Nationalisten versuchen eine geschlossene Vorstellung im Wiener Raimund-Theater für die Sozialdemokratische Kunststelle durch Erstürmung des Gebäudes zu verhindern (einzige Vorstellung).

April: Die Serie der Theaterskandale setzt sich im sächsischen Delitzsch (einzige Vorstellung) und im Berliner Residenz-Theater fort, wo Heinrich George die Hauptrolle spielt (ca. 60 Vorstellungen).

Die Drucklegung der lyrischen Gefängnisdichtung *Das Schwalbenbuch*, des späterhin meistübersetzten Werkes von Toller, führt zum letzten heftigen Zusammenstoß mit dem Niederschönenfelder Festungsvorstand (‹Schwalbenkrieg›).

15. Juli: Entlassung aus Niederschönenfeld und sofortiger Vollzug der (rechtswidrigen) Ausweisung aus dem ‹Freistaat› Bayern. Heimliche Abschiebung nach Thüringen.

Dem in Freiheit befindlichen Toller schlägt eine Woge der Sympathie in der Arbeiterschaft und in linksliberalen Kreisen entgegen.

Toller wählt Berlin als ständigen Wohnsitz, befindet sich jedoch in den folgenden Jahren fast ständig auf Reisen.

Beginn seiner ausgedehnten Lesereisen, Vortragstourneen, Rednertätigkeit.

18. Juli: Toller sieht erstmals eines seiner Stücke auf der Bühne (*Hinkemann* in Berlin), das Publikum bereitet ihm eine Ovation.

3. August: Massenspiel *Erwachen* auf dem Leipziger Gewerkschaftsfest in Anwesenheit Tollers.

16. November: Uraufführung der Komödie *Der entfesselte Wotan* im Dramatischen Bolschoi-Theater Moskau (Regie: K. P. Chochlow, 30 Vorstellungen)

1925 Ende Januar: Reise nach Prag zur ersten deutschsprachigen Aufführung des *Wotan* (Kleine Bühne des Deutschen Theaters, Regie: Karl Demetz).

März: Palästina-Reise (wegen Erkrankung abgebrochen).

Dezember: Auf Einladung des englischen PEN-Clubs nach London (Reichstagspräsident Paul Löbe bürgt für Toller bei den Engländern)

1926 23. Februar: Erste reichsdeutsche Aufführung des *Entfesselten Wotan* (Die Tribüne Berlin, Regie: Jürgen Fehling).
Frühjahr: Toller hält sich zehn Wochen in der Sowjet-Union auf.
Beitritt zur Gruppe Revolutionärer Pazifisten (um Ossietzky und Tucholsky).
Enge Verbindung zur Deutschen Liga für Menschenrechte.
Sommer und Herbst: Aufenthalt in Frankreich

1927 Januar: Zu Lesungen und Aufführungen nach Österreich.
Februar: Teilnahme am Brüsseler Kongreß der Liga gegen koloniale Unterdrückung, dort Bekanntschaft mit Nehru.
März: Lesetournee durch Dänemark und Norwegen.
Sommer: Gemeinsame Arbeit mit Piscator an *Hoppla, wir leben!*
1. September: Uraufführung von *Hoppla, wir leben!* in den Kammerspielen Hamburg (Regie: Hanns Lotz, 25 Vorstellungen).
3. September: Piscator eröffnet mit *Hoppla, wir leben!* seine erste Bühne (Theater am Nollendorfplatz, ca. 60 Vorstellungen)

1928 Frühjahr: Mit Hermann Kesten nach Italien und Nordafrika.
September: Lesetournee durch Schweden und Norwegen.
11. November: Aktiv beteiligt an der Gründung eines Internationalen Komitees der Freunde Sowjetrußlands in Berlin

1929 2. Februar: Uraufführung der vom Autorenteam Toller/Hasenclever/Kesten geschriebenen Komödie *Bourgeois bleibt Bourgeois* (nach Molière) im Lessing-Theater Berlin (Regie: Alexander Granowsky).
24. Februar: Gedenkrede auf Kurt Eisner anläßlich dessen 10. Todestages (Theater am Schiffbauerdamm Berlin).
19. Februar: Zur Premiere von *Hoppla, such is life!* nach London (Gate Theatre, Regie: Peter Godfrey, 22 Vorstellungen).
Oktober–Dezember: Erste Amerika-Reise (USA und Mexiko) mit 35 Rednerauftritten

1930 Juni: Nach Warschau zum PEN-Kongreß.
31. August: Uraufführung von *Feuer aus den Kesseln!* im Theater am Schiffbauerdamm (Regie: Hans Hinrich, Bühnenbild Caspar Neher).
September: Referat *Gefangenschaft und Sexualität* auf dem Wiener Kongreß der Weltliga für Sexualreform.
4. Dezember: Beitritt zur Resolution des Internationalen Verteidigungskomitees für die Sowjet-Union.
Im Berliner Rundfunk Streitgespräch zwischen Toller und Alfred Mühr über den «Kulturbankrott des Bürgertums» (publiziert u. d. T. *Nationalsozialismus*)

1931 Toller und Kesten schreiben gemeinsam eine satirische Dramatisierung der Biographie Mary Baker Eddys, uraufgeführt u. d. T. *Wunder in Amerika* am 17. Oktober im Nationaltheater Mannheim (Regie: Richard Dornseiff).
Ende Oktober–Anfang März 1932: Im Auto mit Lotte Israel, Tollers engster Freundin in jenen Jahren, durch die gerade gegründete spanische Republik (Reportageserie in der «Weltbühne», 1932).
Toller und Hasenclever kooperieren an der deutschen Version eines amerikanischen Tonfilms über das Gefängnisleben («Menschen hinter Gittern»)

1932 Juni: Toller contra Marinetti auf dem PEN-Kongreß in Budapest (Faschismus-Diskussion).

31. Oktober: Uraufführung von *Blinde Göttin* im Raimund-Theater Wien (Regie: Jürgen Fehling)

1933 Nach dem Reichstagsbrand (27. Februar) bleibt Toller in der Schweiz. Vergeblicher Verhaftungsversuch in Berlin, Konfiszierung seiner gesamten Habe.

Ende Mai: Auf dem PEN-Kongreß in Dubrovnik Anklagerede gegen die gleichgeschaltete deutsche Sektion. Der Eklat leitet die Politisierung des PEN in antihitlerischem Sinne ein.

Sommer: Lesetournee durch Jugoslawien.

23. August: Ausbürgerung durch das NS-Regime.

September: Aussage über den Reichstagsbrand vor einem Komitee des englischen Unterhauses.

26. Dezember: Tod der Mutter in Deutschland.

Der Amsterdamer Exilverlag Querido legt die Autobiographie *Eine Jugend in Deutschland* vor (englische Ausgabe 1934), in den nächsten Jahren enge Freundschaft mit dem Querido-Verleger Fritz Landshoff

1934 Januar: Beginn der mehrjährigen Lebensgemeinschaft mit Christiane Grautoff.

Übersiedlung von Zürich nach London, wo im selben Jahr drei Bücher Tollers erscheinen.

Juni: Mitbegründer des deutschen Exil-PEN (Sitz London).

Arbeit mit dem Freund Hermann Kesten an einer Ausgabe der Gefängnisbriefe.

Spätsommer: Teilnahme am 1. Kongreß des sowjetischen Schriftstellerverbandes in Leningrad (Vortrag *Das Werk des Dramatikers*)

1935 März: Angeblicher Entführungsversuch durch einen Naziagenten.

16. Mai: Eheschließung mit Christiane Grautoff in London.

Juni: Nach Paris zum 1. Internationalen Schriftstellerkongreß zur Verteidigung der Kultur

1936 Februar: Mitbegründer des (erfolglosen) Komitees zur Schaffung einer Deutschen Volksfront (scheitert an der Exil-SPD in Prag).

März–April: Autoreise mit Christiane durch die iberische Halbinsel.

11. Juni: Uraufführung des pazifistischen Lustspiels *No more peace!* (*Nie wieder Friede!*) im Londoner Gate Theatre mit der neunzehnjährigen Christiane in der weiblichen Hauptrolle der Rahel (Regie: Norman Marshall).

19. Juni: Eröffnungsansprache (*Das Wort*) auf dem Londoner Kongreß des PEN-Clubs.

Oktober–Februar 1937: Große Vortragsreise durch die USA und Kanada (ca. 50 Auftritte).

Beginn der Arbeit an Filmdrehbüchern (Kontrakt mit Metro-Goldwyn-Mayer)

1937 Winter: Im kalifornischen Santa Monica Arbeit an Filmskripten (*Lola Montez* wird fertiggestellt).

Fünfwöchige Mexiko-Reise.

Schwere psychische Krise manisch-depressiven Charakters

1938 Februar: Rückkehr nach New York, seitdem wahrscheinlich in ständiger psychiatrischer Behandlung.

Juli: Die Ehe zerbricht, da Tollers psychische Verfassung und Christianes Labilität ein Zusammenleben kaum möglich machen.
Arbeit an Tollers letztem Theaterstück, der Märtyrertragödie *Pastor Hall*.
25. Juli: Ansprache auf dem Pariser Kongreß des PEN.
Ende Juli/August: Nach Barcelona und an die katalanische Front, Rede vor Angehörigen der Internationalen Brigade, Flug ins belagerte Madrid.
26. August: Über Radio Madrid richtet Toller an Präsident Roosevelt ein Hilfeersuchen zugunsten des hungernden spanischen Volkes.
September–Dezember: Initiative zu einer weltweiten Nahrungshilfe für Spanien, Toller propagiert sein humanitäres Projekt unermüdlich, spricht bei Regierungen und Kirchen in Frankreich, England, skandinavischen Ländern und den USA vor

1939 Arbeit am Schlußakt von *Pastor Hall* bei erheblichem Nachlassen der geistigen Spannkraft. Quälende Schlaflosigkeit zehrt seine restlichen seelischen Energien auf.
Ende März: Scheitern der spanischen Hilfsaktion infolge des militärischen Sieges von Franco.
Mai: Teilnahme am New Yorker PEN-Kongreß, letzte Ansprache, anschließend mit Schriftstellerkollegen nach Washington (Empfang im Weißen Haus).
22. Mai: Freitod im Bad seines Apartments im «Mayflower Hotel» am Central Park in New York.
27. Mai: Von rund 500 Trauergästen besuchte Trauerfeier in der Campbell Funeral Chapel am Broadway in Manhattan. Sinclair Lewis, Dr. Juan Negrin (letzter Ministerpräsident der spanischen Republik) und Oskar Maria Graf halten Grabreden, Klaus Mann verliest eine Botschaft seines Vaters Thomas Mann. Weitere Trauerfeiern in Hollywood und London.
28. Mai: Einäscherung im Ferncliff-Krematorium in Ardsley (N. Y.)

Zeugnisse

Kurt Tucholsky
Himmel, entsinnt ihr euch, welche unglaublichen Charakteristiken über Ernst Toller durch die Blätter gingen, als er in München politisch tätig war? Ein lächerlicher Verbrecher. Ein verrückter Schwarmgeist. Ein Hanswurst. Ein Rowdy. Ein eitler Geck, der Napolium äfft. Gott schenke uns viele solche.

«Die Weltbühne». 1919

Kurt Wolff
Die *Wandlung* wird in ganz bestimmtem Sinne der Geschichte der zeitgenössischen Literatur und der Geschichte der deutschen Revolution angehören.

An Toller, 2. Februar 1919

Alfred Kerr
Spricht hier ein Demagoge? Das Gegenteil. Er wirft dem Volk verletzendste Wahrheiten ins Gesicht. So ehrlich wie gütig. Ob ein solcher Mensch Führer sein kann, steht dahin; die Ereignisse haben es nicht entschieden.

Aus einer Premierenkritik der «Wandlung». 1919

Stefan Großmann
Trifft Toller eine Schuld – ich meine keine kriminelle, sondern eine geistige –, so ist es die, daß er im Sturm der Ereignisse seinen eigenen Ruf, zu warten, überschreien läßt und dem Mittag, den andere ausriefen, schweigend sich unterordnete. Aber wer, der in Wirklichkeit, nicht nur in Ideen lebt, kennt diese tragische Verstricktheit nicht?

«Der Hochverräter Ernst Toller». 1919

Kurt Tucholsky
Ich habe eine stille Liebe zu Tollern. Der Mann hat das, was wir heute alle sagen, in jenen Jahren 1916 und 1917 gesagt, als das noch Kopf und Kragen kostete; er hat seine Gesinnung auch im Kriege entsprechend betätigt; er hat diese Gesinnung durchgehalten, mit der Tat und mit dem

Wort, und er hat für diese seine Gesinnung bezahlt. Und das darf man nie vergessen.

«Die Weltbühne». 1931

Kurt Hiller
Man wird ihn wahrscheinlich dereinst mit Hasenclever, mit Fritz v. Unruh zusammen nennen, als einen der nachnaturalistischen Aufrufer zu trotziger Menschenliebe, als einen der neuen, der sozialistischen Sänger des «Seid umschlungen, Millionen!» ... Er wollte, etwa mit *Masse Mensch* und der *Wandlung*, kein Dichter der Wenigen, er wollte Volksdichter sein.

«Ernst Toller tot!». 1939

Thomas Mann
... that I devote a word of commemoration to him, who lies dead, a martyr of the time, a victim of those destructive powers despised by all of us, whose triumphs or pseudo-triumphs have darkened our lives throughout these years. For our friend they made life so bitter that he cast it from him. Evil and wickedness drove him to his death and he was lost to us.

«Writers in exile». 1939

[... daß ich ein Wort des Gedenkens ihm widme, der jetzt tot ist, ein Märtyrer der Zeit, ein Opfer der von uns allen verabscheuten Mächte der Zerstörung, deren Triumphe oder Pseudo-Triumphe unser Leben während all dieser Jahre verdüstert haben. Unserem Freund machten sie das Leben so bitter, daß er es von sich warf. Das Böse und das Niederträchtige trieben ihn in den Tod, und wir verloren ihn.]

Sinclair Lewis
He was a symbol of revolution, more than a symbol – a man. We need more men of his kind. Don't let us blame individuals for his death but the world at large. Let us go on and fight for the ideals for which he stood.

Aus der Grabrede auf Toller. 1939

[Er war ein Symbol der Revolution, mehr als ein Symbol – ein Mensch. Wir brauchen mehr Menschen seiner Art. Wir sollten nicht Einzelne wegen seines Todes schmähen, sondern die Welt insgesamt. Laßt uns weitermachen und für die Ideale kämpfen, für die er stand.]

Johannes R. Becher
Er erschien als ein Sinnbild und als ein Vorbild jugendlicher deutscher Freiheitskraft.

«Dem guten Kameraden» (Nachruf Moskau 1939)

Kurt Kersten
Die blaue Blume der deutschen Romantik hat in diesem Dichterleben nie geblüht.

«Zum Ende Ernst Tollers». 1939

Lion Feuchtwanger
Mein Freund Ernst Toller hatte zuviel Herz für die anderen, um an sein eigenes Werk zu denken. Wenn einer, dann war er eine Kerze, die, an beiden Enden angezündet, verbrannte.

«Dem toten Ernst Toller». 1939

Oskar Maria Graf
Ernst Tollers Leben hatte viele Höhepunkte. Es hatte ebensoviele schmerzliche Rückschläge. Nur eines kannte dieses Leben nie: das stärkende Glück des Ausgeglichenseins.

Aus der Grabrede auf Toller. 1939

Dorothy Thompson
They will say that Hitler killed him. That is true enough. But commend him not to hate, who had in him no steely power to hate. His fate was to love the world and mankind, and most unhappily.

«Death of a poet» (The New York Herald Tribune 1939)

[Man wird sagen, Hitler habe ihn getötet. Das ist wahr genug. Aber man verlange nicht Haß von dem, der in sich keine stahlharte Kraft zu hassen hatte. Sein Schicksal war es, die Welt und die Menschheit zu lieben, und das höchst unglücklich.]

Günther Weisenborn
Das Schicksal Tollers ist ein Beispiel, das Leben Tollers ist eine Warnung, eine dringliche, brennende Warnung für uns alle!

Aus einer Gedächtnisrede auf Toller, Berlin (Ost) 1947

Walter Mehring
Der Riß der Zeit ging mitten durch sein Herz, um es mit Deinem Lieblingsausspruch aus Deinem Lieblingsautor Heinrich Heine zu sagen ...

«Die verlorene Bibliothek». 1952

Klaus Mann
Ernst Toller kam – eine Persönlichkeit von sehr rührenden und liebenswerten Eigenschaften: hilfsbereit und kameradschaftlich bei aller Ich-Erfülltheit, aufrichtig bei aller Neigung zum Rhetorischen, dankbaren Her-

zens und oft heiteren Sinnes bei übrigens gefährlich sensitiver psychischer Disposition und einer ominösen Tendenz zum Manisch-Depressiven.

«Der Wendepunkt». 1952

Tilla Durieux
Er war wirklich ein reiner Idealist und so arm – denn das Eigentum anderer rührte er nicht an, daß er glücklich war, wenn ich ihm Zigaretten anbot und ihm ein bescheidenes Frühstück vorsetzte.

«Eine Tür steht offen». 1954

Hermann Kesten
Toller verlangte, der Dichter müsse unter allen Umständen Partei ergreifen oder zu einer Partei gehören, am besten zu seiner eigenen Partei. Und der Dichter müsse humane Ideale haben und seine Leser zur Humanität erziehen.

«Dichter im Café». 1959

Fritz Kortner
Was ich damals [in der *Wandlung*] spielte, war ich selber: ein junger deutscher Jude und Rebell, im Konflikt mit der Welt um sich herum. Ernst Toller, wie aufgescheuchtes Jung-Juden-Wild, hatte schon damals die Witterung für noch ferne Jäger.

«Aller Tage Abend». 1959

Hans Mayer
Toller war ein ungewöhnlicher Redner und auch «Theatraliker» in einem durchaus redlichen Sinne; er war Dramatiker auch in jedem Augenblick seiner Existenz. Dadurch wurde er immer wieder zur *Legende*, hinter welcher die realen Konturen des Schriftstellers und seines Œuvres verschwinden mußten.

«Theater heute». 1978

Bibliographie

1. Bibliographische Quellen

SPALEK, JOHN M.: Ernst Toller and his critics. Charlottesville (Va., USA) 1968. Reprint New York 1973

Der Fall Toller. Hg. von WOLFGANG FRÜHWALD und JOHN M. SPALEK. München 1979

2. Werkausgabe

Gesammelte Werke. Hg. von WOLFGANG FRÜHWALD und JOHN M. SPALEK. 5 Bde. München 1978

3. Auswahlbände

Verbrüderung. Berlin 1929

Seven plays. London 1935

Ausgewählte Schriften. Hg. von der Deutschen Akademie der Künste. Berlin (Ost) 1959, ^{2}1961

Prosa Briefe Dramen Gedichte. Reinbek 1961 (= RP. 1) – Neuausg.: Reinbek 1979 (= rororo. 4417)

4. Einzelausgaben

a) Erstdrucke bis 1939

Die Wandlung. Das Ringen eines Menschen. Potsdam 1919 (= Der dramatische Wille. 3)

Der Tag des Proletariats. Ein Chorwerk. Berlin 1920

Gedichte der Gefangenen. Ein Sonettenkreis. München 1921 (= Der jüngste Tag. 84)

Masse – Mensch. Ein Stück aus der sozialen Revolution des 20. Jahrhunderts. Potsdam 1921

Die Maschinenstürmer. Ein Drama aus der Zeit der Ludditenbewegung in England in fünf Akten und einem Vorspiel. Leipzig–Wien–Zürich 1922

Der deutsche Hinkemann. Eine Tragödie in drei Akten. Potsdam 1923 (späterer Titel: Hinkemann)

Der entfesselte Wotan. Eine Komödie. Potsdam 1923
Das Schwalbenbuch. Potsdam 1924
Vormorgen. Potsdam 1924
Deutsche Revolution. Rede, gehalten vor Berliner Arbeitern am 8. November 1925 im Großen Schauspielhaus zu Berlin. Berlin 1925
Die Rache des verhöhnten Liebhabers oder Frauenlist und Männerlist. Ein galantes Puppenspiel in zwei Akten frei nach einer Geschichte des Kardinals Bandello. Berlin 1925
Hoppla, wir leben! Ein Vorspiel und fünf Akte. Potsdam 1927
Justiz. Erlebnisse. Berlin 1927
Nationalsozialismus. Eine Diskussion über den Kulturbankrott des Bürgertums zwischen Ernst Toller und Alfred Mühr. Berlin 1930
Quer durch. Reisebilder und Reden. Berlin 1930
Feuer aus den Kesseln. Historisches Schauspiel. Anhang: Historische Dokumente. Berlin 1930
Wunder in Amerika. Schauspiel in 5 Akten. (Mit Hermann Kesten.) Berlin 1931 (Nicht im Buchhandel, als Maschinenskript hektographiert für Bühnenzwecke)
Die blinde Göttin. Schauspiel in fünf Akten. Berlin-Charlottenburg 1933
Eine Jugend in Deutschland. Amsterdam 1933
Briefe aus dem Gefängnis. Amsterdam 1935
No more peace! A thoughtful comedy. London 1937 (Übertragung Edward Crankshaw, Nachdichtung der Songs W. H. Auden, Musik Herbert Murill)
Pastor Hall. A play in three acts. London 1939 (Übertragung Stephen Spender)

b) Neuere Einzelausgaben
Eine Jugend in Deutschland. Reinbek 1963 (= rororo. 4178)
Hinkemann. Hg. von Wolfgang Frühwald. Stuttgart 1971 (= Reclams UB. 7950)
Zwei Stücke aus der Revolution. Berlin (West) 1977 (Enthält Masse – Mensch und Die Maschinenstürmer)
Hinkemann. Leipzig–Weimar 1979
Masse Mensch. Stuttgart 1979 (= Reclams UB. 9944)
Justiz. Erlebnisse. Berlin (West) 1979 (= Das Gesicht der Zeit. 2)
Hoppla, wir leben! Stuttgart 1980 (= Reclams UB. 9963)
Quer durch. Heidelberg o. J. (1981) (Reprint)

5. Biographische Berichte, Dokumente, Materialien

Beyer, Hans: Von der Novemberrevolution zur Räterepublik in München. Berlin (Ost) 1957
Bütow, Thomas: Der Konflikt zwischen Revolution und Pazifismus im Werk Ernst Tollers. Hamburg 1975 (Anhang)
Distl, Dieter: Ernst Toller. Schrobenhausen 1993
Dorst, Tankred: Toller. Frankfurt a. M. 1968 (= es. 294)
Dorst, Tankred, Peter Zadek und Hartmut Gehrke: Rotmord or I was a German. München 1969 (= dtv sr. 72)
Dove, Richard: Ernst Toller. Göttingen 1993 (engl. Originalausg.: He was a German. London 1990)

Der Fall Toller. Hg. von WOLFGANG FRÜHWALD und JOHN M. SPALEK. München 1979

FRÜHWALD, WOLFGANG: Kunst als Tat und Leben. In: Sprache und Bekenntnis. Sonderband 1971 des Literaturwissenschaftlichen Jahrbuchs der Görres-Gesellschaft. Berlin (West) 1971

Exil als Ausbruchsversuch. In: Die deutsche Exilliteratur 1933–1945. Hg. von MANFRED DURZAK. Stuttgart 1973

GRAF, OSKAR MARIA: Wir sind Gefangene. München 1927 – Neuausg.: München 1966

GROSSMANN, STEFAN: Der Hochverräter Ernst Toller. Berlin 1919. Neudruck in TOLLER, Prosa Briefe Dramen Gedichte. Reinbek 1961, 1979

ISHERWOOD, CHRISTOPHER: The head of a leader. In: Encounter 1 (1953)

KESTEN, HERMANN: Meine Freunde die Poeten. Wien 1953 – Neuausg.: Frankfurt a. M.-Berlin-Wien 1980 (= Ullstein Buch. 37101)

KIRSCH, HANS-CHRISTIAN: Ernst Toller: Revolution und Menschlichkeit. In: Klassiker heute. Die Zeit des Expressionismus. Hg. von BRIGITTE DÖRRLAMM u. a. Frankfurt a. M. 1981 (= Fischer Taschenbücher. 3026)

KREILER, KURT: Die Schriftstellerrepublik. Berlin (West) 1978

LEVINÉ, ROSA: Aus der Münchner Rätezeit. Berlin 1925

Literaten an der Wand. Hg. von HANSJÖRG VIESEL. Frankfurt a. M. 1980

MARCUSE, LUDWIG: Mein zwanzigstes Jahrhundert. München 1960 – Neuausg.: Zürich 1975 (= Diogenes Taschenbuch. 21/VI)

MEHRING, WALTER: Die verlorene Bibliothek. Hamburg 1952 – Neuausg.: Düsseldorf 1978

MEYER-LEVINÉ, ROSA: Leviné. München 1972

Die Münchner Räterepublik. Hg. von TANKRED DORST. Frankfurt a. M. 1966 (= es. 178)

Die Münchner Räterepublik und die Schriftsteller. Hg. von HANSJÖRG VIESEL. Frankfurt a. M. 1980

NIEKISCH, ERNST: Erinnerungen eines deutschen Revolutionärs. Bd. 1. Köln 1974

OSTERMAIER, ALBERT: Zwischen zwei Feuern. Essen 1993

Der deutsche PEN-Club im Exil 1933–1948. Frankfurt a. M. 1980 (= Sonderveröffentlichungen der Deutschen Bibliothek. 10)

PISCATOR, ERWIN: Das Politische Theater. Berlin 1929 – Neuausg.: Reinbek 1979 (= rororo. 4331)

REGLER, GUSTAV: Das Ohr des Malchus. Köln-Berlin 1958 – Neuausg.: Frankfurt a. M. 1975 (= st. 293)

REINHARDT, STEPHAN: Vorwort in TOLLER, Quer durch. Heidelberg o. J. (1981)

Revolution und Räterepublik in München 1918/19 in Augenzeugenberichten. Hg. von GERHARD SCHMOLZE. Düsseldorf 1969 – Neuausg.: München 1978 (= dtv. 1365)

Die Rote Fahne. Hg. von MANFRED BRAUNECK. München 1973 (= UTB. 127)

RÜHLE, GÜNTHER: Theater für die Republik 1917–1933 im Spiegel der Kritik. Frankfurt a. M. 1967

Zeit und Theater. Bd. 1 und 2. Berlin (West) 1973, 1972

SCHÜRER, ERNST: Literarisches Engagement und politische Praxis: Das Vorbild Ernst Toller. In: Rezeption der deutschen Gegenwartsliteratur im Ausland. Hg. von DIETRICH PAPENFUSS und JÜRGEN SÖRING. Stuttgart u. a. O. 1979

SERKE, GÜNTER: Die verbrannten Dichter. Weinheim–Basel 1977 – Neuausg.: Frankfurt a. M. 1980 (= Fischer Taschenbücher. 2239)
Nach Hause. Köln 1979

SPALEK, JOHN M., und WOLFGANG FRÜHWALD: Ernst Tollers amerikanische Vortragsreise 1936/37. In: Literaturwissenschaftliches Jahrbuch der Görres-Gesellschaft 6 (1965)

SPALEK, JOHN M.: Ernst Tollers Vortragstätigkeit und seine Hilfsaktionen im Exil. In: Exil und Innere Emigration. Hg. von PETER UWE HOHENDAHL und EGON SCHWARZ. Frankfurt a. M. 1973

TOLLER, ERNST: Zwei Stücke aus der Revolution (s. 4b). (Anhang)
Justiz. Erlebnisse (s. 4b). (Anhang)

Traditionen deutscher Justiz. Hg. von KURT KREILER. Berlin (West) 1978 (= Politik. 80)

TURNOWSKY-PINNER, MARGARETE: A student's friendship with Ernst Toller. In: Leo Baeck Institute Year Book 15 (1970)

VEGESACK, THOMAS VON: Die Macht und die Phantasie. Hamburg 1979

6. Werkanalysen

(Maschinenschriftliche Dissertationen ohne Verlag sind in den Bibliographien von SPALEK und FRÜHWALD/SPALEK verzeichnet)

ALTENHOFER, ROSEMARIE: Nachwort in TOLLER, Masse Mensch. Stuttgart 1979 (= Reclams UB. 9944)
Wotans Erwachen in Deutschland. In: Psychoanalytische und psychopathologische Literaturinterpretation. Hg. von BERND URBAN und WINFRIED KUDSZUS. Darmstadt 1981

BEBENDORF, KLAUS: Tollers expressionistische Revolution. Frankfurt a. M. 1990

BENSON, RENATE: Deutsches expressionistisches Theater. Bern 1987 (engl. Originalausg.: German expressionist drama. London 1984)

BORMANN, ALEXANDER VON: Nämlich der Mensch ist unbekannt. In: Wissen aus Erfahrungen. Hg. von ALEXANDER VON BORMANN. Tübingen 1976

BÜTOW, THOMAS: Der Konflikt zwischen Revolution und Pazifismus im Werk Ernst Tollers. Hamburg 1975

CAFFERTY, HELEN L.: Pessimism, perspectivism, and tragedy: ‹Hinkemann› reconsidered. In: The German Quarterly 54 (1981)

DENKLER, HORST: Drama des Expressionismus. München 1967
Ernst Toller: Die Wandlung. In: Das deutsche Drama vom Expressionismus bis zur Gegenwart. Hg. von MANFRED BRAUNECK: Bamberg ^{3}1977

DOVE, RICHARD: Revolutionary socialism in the work of Ernst Toller. Bern 1986

DROOP, FRITZ: Ernst Toller und seine Bühnenwerke. Berlin 1922 (= Schneiders Bühnenführer)

DURZAK, MANFRED: Das expressionistische Drama. Ernst Barlach – Ernst Toller – Fritz von Unruh. München 1979

EICHENLAUB, RENÉ: Ernst Toller et l'expressionisme politique. 2 Bde. Paris 1977
La poésie lyrique de Ernst Toller: Le Schwalbenbuch. In: Bulletin de la Faculté des Lettres de Mulhouse 9 (1978)

FÄHNDERS, WALTER, und MARTIN RECTOR: Linksradikalismus und Literatur. 2 Bde. Reinbek 1974 (= dnb. 52, 58)

Finzi Vita, Viviana: Tra quadro ‹ideologico› e resa oggettivante: Alcune note su ‹Masse Mensch› di Toller. In: La cultura di Weimar. Materiali I. Hg. von Pier Carlo Bontempelli und Paolo Chiarini. Rom 1979

Toller, Wolf e la crisi di Weimar: Diversa accentuazione di due drammi ‹contigui› del '30. ‹Feuer aus den Kesseln› e ‹Die Matrosen von Cattaro›. In: La cultura di Weimar. Materiali III. Rom 1980

Toller e la rivoluzione tedesca. In: Toller, Lettere dal carcere. Hg. von Finzi Vita. Rom 1980

Frühwald, Wolfgang: Nachwort in Toller, Hinkemann. Stuttgart 1971 (= Reclams UB. 7950)

Furness, N. A.: Toller and the Luddites: Fact and symbol in ‹Die Maschinenstürmer›. In: The Modern Language Review 73 (1978)

Toller: ‹Die Maschinenstürmer› – The English dimension. In: German Life and Letters, N. S., 33, H. 2 (Jan. 1980)

Geifrig, Werner: Ernst Toller – Dichter und Denker «Zwischen den Stühlen». In: Vergleichen und Verändern. Hg. von Albrecht Goetze und Günther Pflaum. München 1970

German writers and politics 1918–1939. Hg. von Richard Dove und Stephen Lamb. Basingstoke 1992

Grunow-Erdmann, Cordula: Die Dramen Ernst Tollers im Kontext ihrer Zeit. Heidelberg 1994

ter Haar, Carl: Ernst Toller. Appell oder Resignation? München 1977, ^{2}1981 (= tuduv-Studien. 7)

Hermand, Jost: Ernst Toller: Hoppla, wir leben! In: Jost Hermand, Unbequeme Literatur. Heidelberg 1971

Hiller, Kurt: Einleitung in Toller, Prosa Briefe Dramen Gedichte. Reinbek 1961 und 1979 (s. 3.)

Hinck, Walter: Das moderne Drama in Deutschland. Göttingen 1973

Von Heine zu Brecht. Frankfurt a. M. 1978 (= st. 481)

Hoelzel, Alfred: Betrayed rebels in German literature: Büchner, Toller, and Koestler. In: Orbis Litterarum 34 (1979)

Kändler, Klaus: Drama und Klassenkampf. Berlin (Ost) – Weimar 1970

Kane, Martin: Weimar Germany and the limits of political art. Tayport 1987

Klein, Alfred: Zwei Dramatiker in der Entscheidung. In: Sinn und Form 10 (1958)

Knellessen, Friedrich Wolfgang: Agitation auf der Bühne. Emsdetten 1970 (= Die Schaubühne. 67)

Knobloch, Hans-Jörg: Das Ende des Expressionismus. Frankfurt a. M. 1975

Lamb, Stephen: Ernst Toller: Vom Aktivismus zum humanistischen Materialismus. In: Das literarische Leben in der Weimarer Republik. Hg. von Keith Bullivant: Königstein/Ts. 1978

Lehnert, Herbert: Die Fragwürdigkeit geistiger Politik. In: Akten des 6. Internationalen Germanisten-Kongresses (1980), Teil 4

Lixl, Andreas: Ernst Toller und die Weimarer Republik 1918–1933. Heidelberg 1986

Mennemeier, Franz Norbert: Das idealistische Proletarierdrama. In: Der Deutschunterricht (Stuttgart) 24 (1972)

Modernes deutsches Drama. Bd. 1. München 1973

OSSAR, MICHAEL: Anarchism in the dramas of Ernst Toller. Albany (N. Y., USA) 1980

PAULSEN, WOLFGANG: Expressionismus und Aktivismus. Straßburg 1934. Leipzig 1935

PETERSEN, CAROL: Ernst Toller. In: Expressionismus als Literatur. Hg. von WOLFGANG ROTHE. Bern–München 1969

PITTOCK, MALCOLM: Ernst Toller. Boston (Mass., USA) 1979 (= TWAS. 509)

RESO, MARTIN: Die Novemberrevolution und Ernst Toller. In: Weimarer Beiträge 5 (1959)

ROTHE, WOLFGANG: Ernst Toller, Hoppla, wir leben! In: W. Rothe. Deutsche Revolutionsdramatik seit Goethe. Darmstadt 1989

ROTHSTEIN, SIGURD: Der Traum von der Gemeinschaft. Frankfurt a. M. 1987

SCHÜRER, ERNST: Nachwort in TOLLER, Hoppla, wir leben! Stuttgart 1980 (= Reclams UB. 9963)

SIEBENHAAR, KLAUS: Klänge aus Utopia. Berlin–Darmstadt 1982 (= Canon. 8)

SIGNER, PAUL: Ernst Toller. Berlin 1924

SOERGEL, ALBERT: Dichtung und Dichter der Zeit. Neue Folge: Im Banne des Expressionismus. Leipzig 1925, [6]1930

SOERGEL, ALBERT, und CURT HOHOFF: Dichtung und Dichter der Zeit. Vom Naturalismus bis zur Gegenwart. Bd. 2. Düsseldorf 1963

SOKEL, WALTER H.: The writer in extremis. Stanford (Cal., USA) 1959

Ernst Toller. In: Deutsche Literatur im 20. Jahrhundert. Hg. von OTTO MANN und WOLFGANG ROTHE. Bd. 2. Bern–München [5]1967

Der literarische Expressionismus. München 1970

SPALEK, JOHN M.: Der Nachlaß Ernst Tollers. In: Literaturwissenschaftliches Jahrbuch der Görres-Gesellschaft 6 (1965)

The need for a new estimate. In: The German Quarterly 39 (1966)

SPALEK, JOHN M., und PENELOPE D. WILLARD: Ernst Toller. In: Deutschsprachige Exilliteratur seit 1933, Bd. 2 (1989)

STYAN, J. L.: Kaiser and Toller. In: J. L. STYAN, Modern drama in theory and practise. 1981

TROMMLER, FRANK: Sozialistische Literatur in Deutschland. Stuttgart 1976 (= KTA. 434)

UHSE, BODO: Vorwort in TOLLER, Ausgewählte Schriften. Berlin (Ost) 1959, [2]1961

WÄCHTER, HANS-CHRISTOF: Theater im Exil. München 1973

WILLIBRAND, WILLIAM ANTHONY: Ernst Toller and his ideology. Iowa City (USA) 1945

The timely dramas of Ernst Toller. In: Monatshefte für den deutschen Unterricht (Wisc., USA) 39 (1947)

ZANASI, GIUSI: Note sul ‹teatro› di E. Toller. In: studi germanici (n. s.) 10 (1972)

Namenregister

Die kursiv gesetzten Zahlen bezeichnen die Abbildungen

Arco-Valley, Anton Graf 54
Auer, Erhard 42, 104, 106

Backhaus, Dr. med. 13
Baker-Eddy, Mary 103
Bakunin, Michail 42
Bandello, Matteo Anm. 175
Barlach, Ernst 46, Anm. 72
Becher, Johannes R. 69, 123, Anm. 14, 31, 237
Becker, Julius Maria Anm. 72
Berendsohn, Walter A. Anm 222
Beyer, Hans Anm. 99
Brecht, Bertolt 7, 49, 87, 113
Brie, Alfred Anm. 175
Broch, Hermann 113
Brod, Max 47, 90
Bröger, Karl 34
Bruckner, Ferdinand 123, Anm. 237
Bruno, Giordano 109
Buchholz, Max Anm. 17
Büchner, Georg 88, 90, 91, 92
Byron, Lord George G. N. 88

Cassirer, Paul 77
Castlereagh, Lord 88
Cobbett, James 88
Cobbett, William 88
Cohn, Isaak 22

Danton, Georges 9, 10, 11, 16, 17, 18, 75, *11*
David, Jacques-Louis *11*
Dehmel, Richard 34
Diederichs, Eugen 34
Dimitrov, Georgi 112
Dostojevskij, Fjodor 29, 97
Durieux, Tilla 63, *82*

Ebert, Friedrich, Bürgermeister 22, 29
Ebert, Friedrich, Reichspräsident 107
Egelhofer, Rudolf 57, 58, Anm. 84
Eisler, Hanns 113
Eisner, Kurt 17, 40, 41, 53, 54, 55, 76, 104, Anm. 85, 112, 195, *41*
Engels, Friedrich 42, 88

Fabian, Dora 109
Fehling, Jürgen 83, 103, *66*, *68*
Feuchtwanger, Lion 109, 123, Anm. 237
Floerke, Hanns Anm. 175
Förster, F. Anm. 198
Franco, Francisco 120, 121
Franz von Assisi 113, 114
Franzesko, Julius De 60
Friedrich II., König von Preußen 20, 24
Fritsch, Theodor 92
Frölich, Paul (Pseud. Paul Werner) Anm. 99
Frühwald, Wolfgang 32, Anm. 2, 11, 233

Galsworthy, John 109
Gareis, Karl 80
George, Heinrich 90, *84*
Gerold-Tucholsky, Mary Anm. 127f
Goebbels, Joseph 98, 120
Goethe, Johann Wolfgang 92, 93, 94, Anm. 198

Graf, Oskar Maria 17, 51, 123, Anm. 13, 14
Grautoff(-Toller), Christiane, 9, 113, 123, *114*
Grautoff, Otto 113
Großmann, Stefan 62, 87
Grosz, George 46
Gumbel, Emil Julius Anm. 125

ter Haar, Carel Anm. 177
Halbe, Max 34
Hasenclever, Walter 37, 103, *101*
Hauptmann, Carl 37
Hauptmann, Gerhart 29, 88, 89
Heartfield, John 118, *86*
Heine, Heinrich 52
Henckell, Karl 34, 37
Hermlin, Stephan Anm. 100
Heß, L. Christian *57*
Hiller, Kurt 123 Anm. 237, 238
Hindenburg, Paul von 107
Hitler, Adolf 17, 72, 76, 92, 99, 102, 109, 111, 113, 115, 117, 120, 121, 122
Hölderlin, Friedrich 52, 92
Hölz, Max 69
Hoffmann, Johannes 56, 59, 106
Huch, Ricarda 54

Ibsen, Henrik 29
Ihering, Herbert 49f
Isserlin, Max 14

Jagow, Traugott v. 79
Jaurès, Jean 30

Kafka, Franz 12, 23, 26, Anm. 228
Kahr, Gustav v. 106
Kaiser, Georg 7, 87, 118
Kantorowicz, Alfred 118
Katzenstein, Netty 73, *77*
Kaufmann, Arthur *118*
Kerr, Alfred 48f, 51
Kersten, Kurt 123, Anm. 14
Kesten, Hermann 94, 103, 115, Anm. 197
Kleist, Heinrich von 69, Anm. 31
Köbis, Albin 72
Köhler, Dr. med. 13
Kortner, Fritz 48, 49, *44*
Kreiler, Kurt Anm. 81
Křenek, Ernst 118
Kutscher, Arthur 34

Landauer, Gustav 9, 39, 40, 53, 57, 60, 63, 93, Anm. 74, *40*
Lasker-Schüler, Else 8, 26, 56
Lassalle, Ferdinand 42
Ledebour, Georg *107*
Lenin, Wladimir Iljitsch 94
Lersch, Sarah Sonja 64, Anm. 112
Lessing, Theodor 64
Levien, Max 59
Leviné-Niessen, Eugen 16f, 53, 55, 57, 59, 64, 94, Anm. 195, *58*
Leviné, Rosa Anm. 99
Liebknecht, Karl 53
Lipowski, Dr. med. 13
Löwenstein, Hubertus Prinz zu 118, Anm. 228
Lorant, Stefan *112*
Lud, Ned 88, 89
Ludendorff, Erich 17
Ludwig II., König von Bayern 55
Ludwig, Emil 93, 107, Anm. 230, *111*
Luxemburg, Rosa 42, 53

Mahler-Werfel, Alma Anm. 238
Mann, Heinrich 37, 52, 54, 109, Anm. 79
Mann, Klaus 123, Anm. 14, 237
Mann, Thomas 34, 70, Anm. 128, *71*, *111*
Marcuse, Julian Anm. 8
Marcuse, Ludwig 103, Anm. 14, 78, 210
Martin, Karl-Heinz 48f
Marx, Karl 42, 88
Mehring, Franz 42
Mehring, Walter 9, 14, 90, 97, 103, 118, Anm. 3, 186, 201, *100*
Meinecke, Friedrich 34
Metternich, Graf *111*
Meyer, Peter 111
Mittler, Otto M. Anm. 175
Molo, Walter von 34, 37, 45

Montez, Lola 115
Moses (gen. Cohn), Familie 20, 24, 26
Mühsam, Erich 53, 82, 109, Anm. 195, *54*
Musil, Robert 97

Nansen, Fridtjof 120
Napoleon I., Kaiser 113, 114
Nehru, Jawaharlal *107*
Nehru, Krishna *107*
Nestroy, Johann 62
Niekisch, Ernst 11, 51, 55, 77, 79, 87, Anm. 6, 28, 155, *55*
Niemöller, Martin 115

Olden, Rudolf Anm. 232
Ossietzky, Carl von 94, 109
Otten, Ellen Anm. 187

Paetel, Karl O. 118
Pallenberg, Max 92
Papen, Franz von 93
Paulus (Apostel) 43
Piscator, Erwin 94, 103, Anm. 33, 211, *100*

Rach, Wilhelm Anm. 21
Radbruch, Gustav 77
Raddatz, Fritz J. Anm. 127
Regler, Gustav Anm. 6, 60
Reichel, Johannes 60, Anm. 100
Reichpietsch, Max 71
Reinhardt Max *118*
Remarque, Erich Maria *111*
Reso, Martin Anm. 124
Riedel, Max 72
Rilke, Rainer Maria 34
Robespierre, Maximilien de 17
Rolland, Romain 73, 76
Roosevelt, Eleanor 114
Roosevelt, Franklin Delano 120, 121
Rothe, Wolfgang Anm. 68, 79
Rüdin, Ernst 14
Rühle, Günther Anm. 77
Ruge, Arnold jr. (?) 92

Sahl, Hans Anm. 33
Saint-Just, Antoine de 47
Schickele, René 118
Schiller, Friedrich 10
Schmidt, Hans Anm. 14
Schmolze, Gerhard Anm. 89
Seliger, Paul Anm. 175
Shakespeare, William Anm. 175
Sintenis, Renée *108*
Socrates 109
Sombart, Werner 34
Spalek, John M. 32, Anm. 2, 11, 86, 233
Spender, Stephen 114
Spinoza, Baruch de 109
Spiro, Eugen *52*
Sternheim, Carl 7, 87, 88
Strecker, Karl 49
Strindberg, August 29, 43
Suhr, Edward *84*

Thimig, Helene *118*
Thompson, Dorothy 9
Tönnies, Ferdinand 34
Toller, Christiane s. Grautoff
Toller, Else 25, Anm. 238
Toller, Ida (=Charlotte Cohn) 26, *25*
Toller, Heinrich 20, 25
Toller, Herta 25
Toller, Mendel (gen. Max) 22, 24, 25, 26, 28
Toller, Willy 25
Tolstoj, Lew 29
Trotzkij, Lew Davidowitsch Anm. 84
Tucholsky, Kurt 70, 79, 94, 109, Anm. 127, 158, *71*
Turnowsky-Pinner, Margarete Anm. 51

Ure, Andrew 88

Verdi, Giuseppe 7

Wallensteiner, Dr. med. 13
Weber, Alfred 21
Weber, Hermann Anm. 204
Weber, Max 14, 34, 40, 53, 83, Anm. 82, *38*
Wedekind, Frank 29, 90
Weill, Kurt *118*
Weisenborn, Günther 17, 109, Anm. 215

Wilhelm II., deutscher Kaiser 107
Werfel, Franz Anm. 238
Winkler, Heinrich August Anm. 203
Wischnevskij, Wsewolod Anm. 227
Wolfenstein, Alfred 123, Anm. 237
Wolff, Kurt 90, 118, Anm. 187, 231
Wollenberg, Hans Anm. 99

Zeller, Bernhard Anm. 187
Zweig, Stefan 75

Über den Autor

Wolfgang Rothe, 1929 in Berlin geboren, studierte Germanistik, Philosophie und Soziologie in Marburg, Freiburg und Heidelberg. Promovierte 1954 als Soziologe mit einer Studie über die NS-Stadtgründung Watenstedt-Salzgitter. Von 1954 bis 1968 Buchverleger. Lebt als wissenschaftlicher Autor in Frankfurt a. M. Gastprofessor in Toronto und Edmonton, Lehrstuhlvertreter an den Universitäten Bielefeld, Hamburg und Mainz im Fach Neuere deutsche Literatur. Ausgedehnte Vortragstätigkeit an Universitäten in Großbritannien, Irland, Kanada und USA. Mitglied des PEN. 1979 Habilitation auf dem Gebiet des Expressionismus, seinem bevorzugten Arbeitsfeld («Typus und Bedeutung», als Buch «Tänzer und Täter, 1979). Seine wichtigsten Bücher: «James Joyce» (1957). «Schriftsteller und totalitäre Welt» (1966): «Der Expressionismus» (1977). «Kafka in der Kunst» (1979), «Der Pflastertreter» (1985), «Deutsche Revolutionsdramatik seit Goethe» (1989), «Über Kunst und Künstler» (1991) und «Anläßlich von Kunst» (1995). Herausgeber u. a. von «Deutsche Literatur im 20. Jahrhundert» (^{5}1967). «Expressionismus als Literatur» (1969), «Der Aktivismus 1915–1920» (1969). «Deutsches Theater des Naturalismus» (1972), «Deutsche Großstadtlyrik vom Naturalismus bis zur Gegenwart» (1973), «Die deutsche Literatur in der Weimarer Republik» (1974). «ZET Das Zeichenheft für Literatur und Graphik» (1973–75), der Grieshaber-Hommage «Schnittlinien» (1979) und «ZET Zeichenbuch für Literatur und Graphik» (1985–1987).

Quellennachweis der Abbildungen

Toller Collection, Yale University, New Haven: 6, 77, 97, 99
Library of Congress, Washingon: 8, 61
Archiv für Kunst und Geschichte, Berlin (Sammlung Historia Photo): 11
John M. Spalek, Albany, NY (USA): 10, 20, 21, 26, 27, 28, 33, 35, 44, 45, 46, 66, 68, 69, 78, 85, 86, 91, 95, 96, 100 o., 104, 106, 107, 110, 111, 116, 121, 122
Otto Bernhardi, Witzenhausen: 15
Deutsches Literaturarchiv, Marbach a. N.: 36, 52, 54 (Foto: Lotte Jacobi), 70, 81, 82, 98, 100 u. (Foto: Lotte Jacobi), 105
Leif Geiges, Staufen: 38
Stadtarchiv München: 40, 41, 56, 58, 60, 62
Rowohlt Archiv: 55
Fotoalbum zu «Hinkemann», Theatersammlung Hamburg: 65, 89
Ullstein-Bilderdienst: 71 re., 101, 102
Foto: Helmut Schreiber: 79
Städtische Kunsthalle, Mannheim: 108
Stefan Lorant-Collection: 112
World Wide-Photo: 114
Städtisches Museum, Mülheim (Ruhr): 119
Foto Walter Glinka, New York: 117
Justizanstalt Niederschönenfeld: 74, 80
Photo-Schmidt, Berlin: 84
Tucholsky-Archiv: 71 li.

Danksagung

Für großzügige Unterstützung und wertvolle Hinweise dankt der Verfasser den Professoren Wolfgang Frühwald (München), Hubert Orłowski (Posen) und John M. Spalek (Albany, N. Y.), Dr. Stephan Reinhardt (Dossenheim), der Heimatkreisgemeinschaft Kolmar (Posen), dem Stadtarchiv München, dem Deutschen Literaturarchiv in Marbach, dem Archiv der Akademie der Künste Berlin (West), dem Stadtarchiv Heidelberg, der Exilabteilung der Deutschen Bibliothek, Frankfurt a. M., der Theatersammlung der Universität Hamburg sowie der Yale University Library.

Literatur

rowohlts monographien
Begründet von Kurt Kusenberg, herausgegeben von Wolfgang Müller und Uwe Naumann.

Eine Auswahl:

Alfred Andersch
dargestellt von Bernhard Jendricke
(395)

Lou Andreas-Salomé
dargestellt von Linde Salber
(463)

Jane Austen
dargestellt von Wolfgang Martynkewicz
(528)

Simone de Beauvoir
dargestellt von Christiane Zehl Romero
(260)

Wolfgang Borchert
dargestellt von Peter Rühmkorf
(058)

Lord Byron
dargestellt von Hartmut Müller
(297)

Albert Camus
dargestellt von Brigitte Sändig
(544)

Raymond Chandler
dargestellt von Thomas Degering
(377)

Charles Dickens
dargestellt von Johann N. Schmidt
(262

rowohlts monographien

Theodor Fontane
dargestellt von Helmuth Nürnberger
(145)

Maxim Gorki
dargestellt von Nina Gourfinkel
(009)

Brüder Grimm
dargestellt von Hermann Gerstner
(201)

Homer
dargestellt von Herbert Bannert
(272)

Henrik Ibsen
dargestellt von Gerd E. Rieger
(295)

James Joyce
dargestellt von Jean Paris
(040)

Stendhal
dargestellt von Michael Nerlich
(525)

4505/6